Das Apfel-Kochbuch

Beatrice Aepli

Das Apfel-Kochbuch

80 neue und traditionelle Apfelrezepte – süß und pikant

MIDENA

Die Deutsche Bibliothek – CIP-Einheitsaufnahme

Aepli, Beatrice:
Das Apfel-Kochbuch : 80 neue und traditionelle Apfelrezepte – süß und pikant / Beatrice Aepli. – Augsburg : Midena, 1998
ISBN 3-310-00425-2

Gedruckt auf elementar chlorfrei gebleichtem Papier

Midena Verlag, Augsburg

Lektorat: Léonie Haefeli-Schmid, Küttigen
Umschlaggestaltung: KA·BA factory, Augsburg
Umschlagbild: Evelyn und Hans-Peter König, Zürich
Layout: Cornelia Osterbrauck, München; Marion Kraus, Augsburg
Foodfotos: Evelyn und Hans-Peter König, Zürich
Fotos der Apfelsorten: fotostudio hansjörg volkart ag, Zürich
Satz: Gesetzt aus Leawood, satz-studio gmbh, Bäumenheim
Reproduktion: Repro Ludwig, A-Zell am See
Druck und Bindung: Offizin Andersen Nexö, Leipzig – ein Betrieb der INTERDRUCK Graphischer Großbetrieb GmbH

Printed in Germany

ISBN 3-310-00425-2

Inhalt

Süßes und Pikantes aus der Salatschüssel

Kleine und große Mahlzeiten

Süße und pikante Kuchen

Beilagen und Saucen

Desserts

Getränke und Eingemachtes

Abkürzungen

EL	=	Eßlöffel
TL	=	Teelöffel
Msp	=	Messerspitze
g	=	Gramm
l	=	Liter
ml	=	Milliliter
dl	=	Deziliter

Wo nicht anders erwähnt, sind die Rezepte für 4 Personen berechnet.

Vorwort

Bei so vielen auf den Markt drängenden Früchten aus tropischen und subtropischen Gegenden ist es schön, daß eine vielgeliebte Frucht – der Apfel – aus Mitteleuropa stammt.

Für mich verströmt der Apfel Sinnlichkeit pur. Nur schon die Vorfreude, gleich in einen prallen Apfel zu beißen, läßt mir das Wasser im Munde zusammenlaufen. Und der erste Biß, das Knacken der Apfelhaut, ist genossene Sinnlichkeit.

Schon als Kinder konnten wir es kaum erwarten, im August in die ersten baumfrischen Klaräpfel zu beißen. Der Reifegrad war einfach festzustellen: Waren wir danach von Bauchweh geplagt, war der Apfel noch nicht reif.

Die Rezepte in diesem Buch sollen alte Erinnerungen wecken und neuen Möglichkeiten eine gute Grundlage geben.

Beatrice Aepli

Einleitung

Ein schönes Früchtchen

Wenn gesagt wird, zum Verführen sei nur das Beste gut genug, muß der Apfel ja wohl zum Besten gehören. Und wenn der Apfel in der griechischen Mythologie der Schönsten der drei Grazien überreicht wird, wird dies sicher bestätigt. Doch auch in der nordischen Mythologie spielt der Apfel eine nicht zu unterschätzende Rolle. In beiden Fällen wurde er zum Sinnbild von Liebe und Fruchtbarkeit. All dies ist schön und ehrt sowohl die Frucht als auch die Empfängerin.

Es ist unbestritten, daß der Apfel zu den ältesten kultivierten Früchten in Mitteleuropa gehört. Reste wurden in jungsteinzeitlichen und in bronzezeitlichen Uferrandsiedlungen (Pfahlbauten) gefunden. Die Römer kannten bereits zahlreiche Sorten. Zur Zeit der Karolinger wurden in deren Landgüterordnung von 812 n. Chr. 9 Sorten genannt. Im Mittelalter erhielten Kaiser und Könige den Reichsapfel bei ihrer Krönung als Zeichen ihrer Macht in die Hand gelegt.

Der Apfel ist als vitaminreiches, abwechslungsreiches Obst aus unserer Ernährung nicht wegzudenken. Den mittelalterlichen Klöstern gilt unser Dank, die den Anbau in bäuerlichen Kreisen förderten und gleichzeitig Anbau- und Pflegemethoden festlegten und lehrten.

Der Apfel enthält etwa 83 % Wasser, 13,5 % Kohlenhydrate (zur Hauptsache Zucker), ca. 0,4 % Eiweiß, 0,6 % Fruchtsäuren, 0,6 % Mineralstoffe, Gerbstoffe, Pektin (in der Schale) und 4–14 mg Vitamin C und Vitamin A.

Der Apfel ist schmackhaft, gesundheitsfördernd und in der Küche vielseitig verwendbar. Genießen wir ihn und danken wir denen, die ihn uns erhalten haben.

Apfelsorten und Genußreife

Name	Beschreibung	Früh-jahr	Herbst	Lager-fähigkeit
Gala	Ein kleiner bis mittelgroßer Apfel mit gelber Farbe und leuchtend rot gestreiften und marmorierten Flächen. Das Fleisch ist saftig und süß mit wenig Säure. Eignet sich für alle Zubereitungsarten.			
Jonagold	Diese Kreuzung aus Jonathan und Golden Delicious ist groß und kugelig-rund. Das Fruchtfleisch ist knackig und wird von einer rot marmorierten Schale umgeben. Geeignet zum Rohessen und für kalte Apfelgerichte.			
Golden Delicious	Eine goldgelbe Spitzensorte mit wenig Säure, jedoch viel Saft und einem wundervoll süßen Fruchtfleisch. Eignet sich für alle Zubereitungsarten.			
Maigold	Ein ausgesprochen spät reifender Apfel. Die Form ist länglich. Die Haut ist grüngelb und rot gestreift und marmoriert. Er ist etwas säuerlicher als der Golden Delicious, trotzdem reich an Zucker und Saft. Eignet sich für alle Zubereitungsarten.			

Name	Beschreibung	Frühjahr	Herbst	Lagerfähigkeit
Summerred	Ein mittelgroßer, etwas gestreckter Apfel mit kräftig dunkelroter Schale. Das Fruchtfleisch ist cremefarbig bis grünlich. Der Geschmack ist erfrischend säuerlich. Der Summerred eignet sich für alle Zubereitungsarten.	■		
Gravensteiner	Ein mittelgroßer Apfel mit roten und gelbgrünen Streifen. Das Fruchtfleisch ist knackig, saftig und aromatisch. Eignet sich für alle Zubereitungsarten.	■		
Cox Orange	Er hat eine schöne kugelige Form. Die Farben sind oliv bis gelblichgrün mit geflammter bräunlichroter Deckfarbe. Ein sehr aromatischer Apfel. Seine Säure und der Zucker wirken ausgesprochen ausgewogen und harmonisch. Zum Rohessen und für kalte Apfelgerichte.		■	
Rubinette	Von klein bis groß. Grüngelb mit einer starken Betonung von orangen bis rostroten Streifen, auch marmoriert. Zum Rohessen und auch für kalte Apfelgerichte.		■	

Name	Beschreibung	Frühjahr	Herbst	Lagerfähigkeit
Elstar	Der Elstar ist eine mittelgroße Sorte. Seine Farbe ist goldgelb, leuchtend rot marmoriert. Er hat einen saftigen, knackigen Biß und würzig fruchtiges Aroma. Er schmeckt süß mit erfrischender Säure. Zum Rohessen und für kalte Apfelgerichte.		■	
Boskoop	Dieser Apfel ist groß, kugelig, rot oder gelblichgrün mit orangeroten Stellen. Er ist wegen seines robusten Geschmacks beliebt; dieser ist kräftig säuerlich. Eignet sich für alle Zubereitungsarten.			■
Idared	Diese »rote Ida« ist mittelgroß. Der Apfel ist leuchtend rot und im Geschmack angenehm säuerlich. Er ist sehr saftig und knackig. Eignet sich für alle Zubereitungsarten.			■
Granny Smith	Ein Apfel, der scheinbar nie schrumpelig wird. Die Farbe ist grasgrün bis schwach gelblich. Das Fleisch ist fest, knackig und sehr saftig mit wenig Zucker. Etwas sauer mit wenig Aroma. Eignet sich für alle Zubereitungsarten.			■

Name	Beschreibung	Frühjahr	Herbst	Lagerfähigkeit
Primerouge	Klein, kugelig und rot kommt dieser Apfel daher. Das Fruchtfleisch ist weiß und knackig saftig, mäßig süß und feinsäuerlich im Geschmack. Eignet sich zum Rohessen und für kalte Apfelgerichte.	■		
Glockenapfel	Er hat ein dezentes Aroma. Seine Form war Namensgeber, in anderen Gegenden heißt er »Hasenkopf«. Er ist grünlichgelb mit einem Hauch von Orangerot. Das Fruchtfleisch ist fest mit einem erfrischend säuerlichen Geschmack. Eignet sich für alle Zubereitungsarten.			■
Kidd's Orange	Dieser mittelgroße Apfel hat ein kräftiges Aroma mit viel Zucker, ist knackig im Biß mit viel Saft. Die Schale ist gelbgrün mit braunroten Flammen. Eignet sich für alle Zubereitungsarten.		■	
Spartan	Ein mittelfester Apfel mit viel Saft, schwach säuerliches, mildes Aroma. Die Grundfarbe ist grün, jedoch mit großen Anteilen von dunklen blauroten, verwaschenen Streifen. Eignet sich für alle Zubereitungsarten.		■	

Name	Beschreibung	Früh-jahr	Herbst	Lager-fähigkeit
Gloster	Der Biß dieses Apfels ist knackig. Der Geschmack ist dezent säuerlich, mit feinem Aroma. Die Schale ist hellgrün mit bläulichroten Flächen. Eignet sich für alle Zubereitungsarten.			
Jonathan	Die Form des mittelgroßen Apfels ist stumpfkegelig, der Geschmack säuerlich und das Fleisch mäßig saftig. Die Farbe ist ein schönes Rot. Eignet sich für alle Zubereitungsarten.			

Jonagold

Golden Delicious

Maigold

Summerred

Cox Orange

Elstar

Boskoop

Granny Smith

Glockenapfel

Spartan

Gloster

Jonathan

Apfel-Brüsseler-Endivien-Salat an Joghurtsauce

Süßer Kartoffel-Apfel-Salat

Winterfruchtsalat an Kakisauce

Marinierter Apfelsalat

Apfel-Orangen-Salat an Glühweinsauce

Birnen-Apfel-Salat

Linsen-Käse-Salat

Süßes und Pikantes aus der Salatschüssel

Waldorf-Salat

Fleisch-Käse-Salat

Fenchel-Apfel-Salat mit Hähnchenfleisch

Apfelsalat mit Cottage Cheese

Pikanter Birnen-Apfel-Salat

Rote-Bete-Salat mit Äpfeln und Pistazien

Gemüsecocktail

Apfel-Spargel-Salat

kleine Mahlzeit

Apfel-Brüsseler-Endivien-Salat an Joghurtsauce

Salat

- 500 g Äpfel
- 200 g Datteln
- 500 g Brüsseler Endivie
- 4 rosa Grapefruits

Joghurtsauce

- 2 Becher Naturjoghurt (je 150–180 g)
- Saft einer Zitrone
- 5 EL weißer Portwein
- 1 TL Birnendicksaft
- Meersalz
- Pfeffer

1 Die Äpfel schälen, vierteln, entkernen und quer in Scheiben schneiden. Die Datteln entsteinen und in Streifchen schneiden. Die Brüsseler Endivie quer in Streifen schneiden. Die Grapefruits mit einem Messer großzügig schälen, dabei auch die weiße Haut mit abschneiden. Die einzelnen Filets herauslösen, d. h. die Grapefruits jeweils beidseitig der Fruchtfleischsegmente einschneiden und die Spalten ohne Haut heraustrennen.

2 Für die Sauce Joghurt, Zitronensaft, Portwein und Birnendicksaft gut verrühren, mit Salz und Pfeffer würzen.

3 Joghurtsauce mit den Salatzutaten vermengen.

Variante

Die Datteln durch Feigen ersetzen. Die Hälfte der Äpfel durch Birnen ersetzen.

Süßer Kartoffel-Apfel-Salat

kleine Mahlzeit

750 g festkochende Kartoffeln
500 g Äpfel
5 getrocknete Feigen
200 ml/2 dl Orangensaft
2 EL Birnendicksaft
3 EL Rosinen
2 EL Kürbiskerne

1 Die Kartoffeln in der Schale im Dampf garen. Auskühlen lassen. Die Äpfel vierteln, entkernen und in Spalten schneiden. Die Feigen kleinschneiden.

2 Die ausgekühlten Kartoffeln schälen und in Scheiben schneiden.

3 Den Orangensaft mit dem Birnendicksaft verrühren.

4 Kartoffeln, Äpfel, Feigen und Rosinen in einer Schüssel vermengen. Den Orangensaft darübergießen. Mit den Kürbiskernen bestreuen.

Winterfruchtsalat an Kakisauce

Dessert

Salat

2 Äpfel, 2 Birnen, 1 Banane, 1 Orange, 1 Grapefruit, 1 Kiwi, 100 g blaue Trauben
2 EL Vollrohrzucker

Sauce

1 Kaki
3 EL Portwein

1 Die Äpfel und die Birnen vierteln, entkernen und in Spalten schneiden. Die Banane schälen und in Scheibchen schneiden. Die Orange und die Grapefruit schälen und filetieren. Die Kiwi schälen, halbieren und in Scheiben schneiden. Alle Früchte in eine Schüssel geben und mit dem Zucker bestreuen.

2 Für die Sauce die Kaki im Mixer pürieren, dann durch ein Sieb streichen. Mit dem Portwein gut verrühren. Separat zum Fruchtsalat servieren.

Dessert

Marinierter Apfelsalat

- 2 Orangen
- 1 Stück frische Ingwerwurzel
- 1 TL Zimtpulver
- 2 Prisen geriebene Muskatnuß
- 2 EL Birnendicksaft
- 1/2 Zitrone, abgeriebene Schale
- 50 g getrocknete Apfelspalten, halbiert
- 50 g Rosinen

- 500 g Äpfel
- 50 g Walnuß-/ Baumnußkerne

- 200 g Crème fraîche
- 2 EL Birnendicksaft

1 Eine Orange gut waschen. Die Schale dünn abschneiden und in sehr feine Streifchen (Juliennes) schneiden. Den Saft beider Früchte auspressen. Den Ingwer schälen und fein reiben.

2 Orangenschale und -saft, Ingwer, Zimt, Muskatnuß, Birnendicksaft und Zitronenschale in einer Schüssel gut verrühren. Die getrockneten Apfelstücke mit den Rosinen dazugeben. Eine Stunde ziehen lassen, von Zeit zu Zeit umrühren.

3 Die Äpfel vierteln, entkernen und in Spalten schneiden, mit den marinierten Zutaten vermengen. Die Walnußkerne darüberstreuen.

4 Die Crème fraîche mit dem Birnendicksaft verrühren und separat zum Apfelsalat servieren.

Variante

Für eine kleine Mahlzeit gekochte Kartoffelscheiben untermischen.

Dessert

Apfel-Orangen-Salat an Glühweinsauce

Glühwein

1 Stück frische Ingwerwurzel
1 Zimtstange
1 Orange
1 Zitrone
wenig frisch geriebene Muskatnuß
4 Gewürznelken
2 Prisen gemahlener Kardamom
80 g Vollrohrzucker
300 ml/3 dl Rotwein

2 Orangen
4 frische oder 6 getrocknete Feigen
500 g Äpfel
1 EL Pistazienkerne

1 Für den Glühwein die Ingwerwurzel schälen und fein reiben. Die Zimtstange zerbröckeln. Die Schale der Orange und der Zitrone abreiben, den Saft auspressen. Alle Zutaten in einen Kochtopf geben. Bei Verwendung von getrockneten Feigen diese 10 Minuten mitkochen. Den Glühwein bei mittlerer Hitze kochen lassen, bis die Flüssigkeit auf 100 ml/1 dl reduziert ist. Absieben.

2 Die Orangen schälen, halbieren, entkernen und in Scheiben schneiden. Den Glühwein noch heiß über die Orangenscheiben gießen und erkalten lassen.

3 Die Feigen in Spalten beziehungsweise in Streifen schneiden. Die Äpfel schälen, vierteln, entkernen und in Spalten schneiden. Die Feigen und die Äpfel zu den Orangen geben und vermengen. Eine Stunde zugedeckt ziehen lassen. Mit den Pistazien bestreuen.

Birnen-Apfel-Salat

Dessert

3 Äpfel
3 Birnen
Saft einer Zitrone

30 g Vollrohrzucker
250 ml/2,5 dl Apfelwein
4 Gewürznelken

50 g Walnuß-/Baumnußkerne
200 g/2 dl süße Sahne/Rahm

1 Die Äpfel und die Birnen schälen, vierteln und entkernen. Die Fruchtviertel quer in Scheiben schneiden und sogleich mit dem Zitronensaft beträufeln.

2 Den Zucker im Cutter fein mahlen, in einen Kochtopf geben und bei mittlerer Hitze karamelisieren. Mit dem Apfelwein ablöschen, die Nelken zufügen, bei kleiner Hitze zugedeckt köcheln lassen, bis sich der Karamel aufgelöst hat.

3 Die Apfel- und die Birnenscheiben mit dem Zitronensaft zufügen, ein paar Minuten köcheln lassen, bis die Früchte weich sind.

4 Die Karamelsauce absieben. Die Früchte auf einer Platte verteilen.

5 Die Sauce zurück in den Kochtopf gießen und bei starker Hitze sirupartig einkochen. Die gehackten Walnüsse beigeben und darin wenden. Über die Früchte gießen.

6 Die süße Sahne steif schlagen und über den Fruchtsalat verteilen.

Linsen-Käse-Salat

kleine Mahlzeit

200 g grüne Linsen
2 Äpfel
150 g würziger Tilsiter
1 Frühlingszwiebel samt Grün
1 Paar Schweinswürstchen

Sauce

3 EL Weißweinessig
2 EL Balsamessig
6 EL Olivenöl extra nativ
2 EL frische gehackte Kräuter, z. B. Petersilie, Thymian, Majoran
Meersalz
Pfeffer

1 Die Linsen mit Wasser bedeckt aufkochen und bei kleiner Hitze in etwa 35 Minuten weich kochen. Abgießen und auskühlen lassen.

2 Für die Sauce Essig und Öl verrühren. Mit den Kräutern sowie Salz und Pfeffer abschmecken.

3 Die Äpfel schälen, vierteln und entkernen, quer in Scheiben schneiden. Den Käse klein würfeln. Die Frühlingszwiebel in feine Scheiben, das Grün in Ringe schneiden.

4 Linsen, Äpfel, Käse und Zwiebeln mit der Sauce vermengen. Auf Tellern anrichten.

5 Die Würstchen in Scheiben schneiden und ohne Fettzugabe braun braten. Über den Salat verteilen.

Variante

Die grünen Linsen durch braune ersetzen (kürzere Garzeit).

Vorspeise

Waldorf-Salat

Salat

- 500 g Stauden-/ Stangensellerie
- 2 rote Äpfel
- 50 g Walnuß-/ Baumnußkerne

Sauce

- ½ rote Gemüse-paprika/Peperoni
- 1 Gewürzgurke
- 1 Zwiebel
- ½ Bund Petersilie
- 100 g/1 dl süße Sahne/Halbrahm
- 1 TL Ketchup
- 2 EL Essig
- 1 TL Senf

einige schöne Salatblätter

1 Den Staudensellerie in feine Scheiben schneiden. Die Äpfel vierteln, entkernen und quer in Scheiben schneiden. Die Walnüsse grob hacken.

2 Bei der Gemüsepaprika den Stielansatz und die Kerne entfernen.

3 Gewürzgurke, Gemüsepaprika, Zwiebel und Petersilie fein hacken.

4 Süße Sahne, Ketchup, Essig und Senf verrühren. Die feingehackten Saucenzutaten unterrühren.

5 Die Salatblätter auf den Tellern auslegen. Die Sellerie- und Apfelscheiben mischen und darauf anrichten. Die Sauce darüberträufeln. Mit den Nüssen bestreuen.

Fleisch-Käse-Salat

Hauptmahlzeit

Salat

1 Zwiebel
2 Lorbeerblätter
einige Nelken
$^1/_2$ l Fleischbrühe
300 g Siedfleisch
$^1/_2$ Knollensellerie
125 g Emmentaler Käse
2 säuerliche Äpfel

Sauce

1 Becher (150-180 g) Naturjoghurt
1 Eigelb
1 EL Senf
3 EL Weißweinessig
Meersalz
Pfeffer aus der Mühle
1 Zwiebel

1 Die Zwiebel halbieren, mit den Lorbeerblättern und den Nelken bestecken. Die Fleischbrühe mit den besteckten Zwiebeln aufkochen, das Fleisch beigeben und zugedeckt auf kleinem Feuer 50 Minuten köcheln.

2 Den Sellerie schälen und würfeln, zum Fleisch geben und weitere 10 Minuten köcheln.

3 Das Fleisch und die Selleriewürfel aus der Brühe nehmen, auskühlen lassen.

4 Den Käse in Stäbchen schneiden. Die Äpfel vierteln, entkernen und quer in Scheiben schneiden. Das Siedfleisch zuerst in Scheiben, dann in Würfel schneiden. Fleisch, Sellerie, Käse und Äpfel vermengen.

5 Für die Sauce Joghurt, Eigelb, Senf und Essig gut verrühren. Würzen. Die Zwiebel fein hacken und unterrühren.

6 Die Salatzutaten mit der Sauce mischen.

Tip

Den Salat mit Vollkornbrot servieren. Die Brühe als Suppe servieren.

kleine Mahlzeit

Fenchel-Apfel-Salat mit Hähnchenfleisch

Salat

- ½ l Hühnerbrühe
- 250 g Hähnchenbrust
- 1 Fenchel
- 500 g grüne Äpfel

Sauce

- 2 EL Frischkäse
- 2 EL Zitronensaft
- 1 EL Essig
- 1 EL Mayonnaise
- 2 EL Hühnerbrühe
- 1 Stück frische Ingwerwurzel
- 1 EL Currypulver
- Meersalz
- Pfeffer

100 g Portulak oder Kresse zum Garnieren

1 Für die Sauce Frischkäse, Zitronensaft, Essig, Mayonnaise und Hühnerbrühe gut verrühren. Den Ingwer schälen und dazureiben. Mit Curry, Salz und Pfeffer würzen.

2 Die Brühe aufkochen und das Hähnchenbrüstchen 15 Minuten darin zugedeckt ziehen lassen. Das Fleisch abtropfen lassen und in Streifen schneiden.

3 Den Fenchel halbieren, längs in feine Scheiben schneiden. Die Äpfel vierteln, entkernen und quer in Scheiben schneiden.

4 Fleisch, Fenchel und Äpfel mit der Sauce mischen. Auf Tellern anrichten und mit dem Portulak garnieren.

Variante

Für eine Hauptmahlzeit gekochten Reis untermischen.

kleine Mahlzeit

Apfelsalat mit Cottage Cheese

Sauce

400 g Cottage Cheese/ Hüttenkäse mit Schnittlauch
3 EL Apfelessig
1 TL flüssiger Honig
2 TL Currypulver
Meersalz
Pfeffer

Salat

200 g Emmentaler Käse
2 Kohlrabi
1 Fenchel
500 g Äpfel

75 g Haselnüsse

1 Für die Sauce den Cottage Cheese mit dem Essig und dem Honig verrühren. Mit Curry, Salz und Pfeffer würzen.

2 Den Emmentaler Käse in Stäbchen schneiden. Die Kohlrabi schälen und klein würfeln. Den Fenchel halbieren und in feine Scheiben schneiden. Die Äpfel vierteln, entkernen und quer in Scheiben schneiden.

3 Alle Salatzutaten mit der Sauce vermengen. Die grob gehackten Haselnüsse darüberstreuen.

Variante

Käse, Gemüse und Früchte sehr klein schneiden; den Salat in ausgehöhlte Brötchen füllen.

Pikanter Birnen-Apfel-Salat

1 Für die Vinaigrette Essig, Zitronensaft, Öl und Birnendicksaft verrühren. Den Schnittlauch fein schneiden und die Schalotte fein hacken, zur Vinaigrette geben. Mit Salz und Pfeffer würzen.

2 Die Birnen und die Äpfel ungeschält vierteln und entkernen, die Fruchtviertel quer in Scheiben schneiden. Mit der Vinaigrette mischen, 30 Minuten marinieren.

3 Die Birnen- und Apfelscheiben auf den Zwiebelsprossen anrichten. Die Kürbiskerne in einer Pfanne trocken rösten und darüberstreuen.

Variante

Für eine Hauptmahlzeit gekochte Nudeln untermischen.

Vorspeise

Salat

- 2 reife Birnen
- 2 Äpfel
- 2 Handvoll Zwiebelsprossen
- 2 EL Kürbiskerne

Vinaigrette

- 2 EL Apfelessig
- 1 EL Zitronensaft
- 6 EL kaltgepreßtes Distelöl
- 2 EL Birnendicksaft
- 2 Bund Schnittlauch
- 1 kleine Schalotte
- Meersalz
- Pfeffer

Vorspeise

Rote-Bete-Salat mit Äpfeln und Pistazien

500 g rohe Rote Beten/ Randen
300 g Äpfel
Saft einer halben Zitrone

Sauce

2 EL Essig
4 EL kaltgepreßtes Distelöl
1 EL Senf
1 Stück frischer Meerrettich
Meersalz
Pfeffer

2 EL Pistazienkerne

1 Die Roten Beten schälen und fein raspeln. Die Äpfel ungeschält vierteln und entkernen, die Fruchtviertel quer in Scheiben schneiden. Mit dem Zitronensaft beträufeln.

2 Für die Sauce Essig, Öl und Senf verrühren. Den Meerrettich schälen und direkt zur Sauce reiben. Mit Salz und Pfeffer würzen.

3 Die Roten Beten und die Apfelscheiben mit der Sauce gut vermengen. 30 Minuten ziehen lassen. Die Pistazien über den Salat streuen.

Variante

Für eine Hauptmahlzeit gekochte Kartoffelwürfel untermischen.

kleine Mahlzeit

Gemüsecocktail

für 8 Personen als Vorspeise

Knoblauchmayonnaise

- 1 Eigelb
- 150 ml/1,5 dl kaltgepreßtes Distelöl
- 2 EL trockener Wermut oder Gemüsebrühe
- 1 Knoblauchzehe
- Meersalz
- Pfeffer

- 1 Möhre/Karotte
- 1 Stück Knollensellerie
- 1 Zucchino
- 500 g Äpfel

- einige schöne Salatblätter
- 1 Bund Basilikum

1 Für die Mayonnaise das Eigelb in einer Schüssel mit dem Schneebesen gut verrühren. Unter stetem Rühren das Öl anfänglich tropfenweise zugeben. Wird die Mayonnaise dick, kann das restliche Öl nun löffelweise – immer unter stetem Rühren – beigefügt werden. Den Wermut oder die Gemüsebrühe zufügen, die Knoblauchzehe dazupressen, mit Salz und Pfeffer würzen.

2 Die Möhre und den Sellerie schälen und klein würfeln, den Zucchino klein würfeln, die Äpfel vierteln, entkernen und ebenfalls klein würfeln. Die Gemüse- und die Apfelwürfelchen mit der Mayonnaise gut vermengen.

3 Die Salatblätter auf Tellern oder in Schälchen auslegen, den Salat darauf anrichten. Mit dem feingeschnittenen Basilikum bestreuen.

Variante

Mit einer Avocado verfeinern. Dazu die Avocado halbieren und entsteinen. Das Fruchtfleisch mit einem Kugelausstecher ausstechen.

Apfel-Spargel-Salat

kleine Mahlzeit

1 Den Weizen über Nacht in reichlich Wasser einlegen. Das Einweichwasser am nächsten Tag weggießen. Die Körner in 250 ml/2,5 dl Wasser zugedeckt auf kleinem Feuer während etwa 30 Minuten weich kochen. Mit Salz würzen.

2 Das untere Drittel beim Spargel sparsam schälen und das Ende kappen. Den Spargel in mundgerechte Stücke schneiden, mit der Gemüsebrühe in einen Kochtopf geben und zugedeckt während etwa 10 Minuten weich kochen. Unter kaltem Wasser abschrecken.

3 Die Äpfel vierteln, entkernen und quer in Scheiben schneiden. Die Frühlingszwiebel in feine Scheiben, das Grün in Ringe schneiden.

4 Weizen, Spargel, Äpfel, Zwiebeln und Spinatblätter vermengen und auf Tellern anrichten.

5 Für die Sauce Joghurt, Öl, Senf und Birnendicksaft verrühren. Den feingeschnittenen Schnittlauch beifügen, mit Salz und Pfeffer würzen. Die Sauce über den Salat träufeln.

Salat

- 100 g Weizenkörner
- Meersalz
- 500 g grüner Spargel
- 100 ml/1 dl Gemüsebrühe
- 2 rote Äpfel
- 1 Frühlingszwiebel samt Grün
- 100 g frische Spinatblätter

Sauce

- 2 Becher Naturjoghurt (je 150–180 g)
- 3 EL Öl
- 1 EL Senf
- 2 EL Birnendicksaft
- 1 Bund Schnittlauch
- Meersalz
- Pfeffer

Nuß-Schmorapfel

Apfelkugeln mit Bananencreme

Omelettes-Apfelkuchen

Fischfilets mit Apfel-Lauch-Ragout

Apfelauflauf

Apfelmüsli

Apfel-Ingwer-Suppe

Speck-Apfel-Omelette

Pikantes Müsli

Kleine und große Mahlzeiten

Kartoffelspatzen mit Grenadine-Äpfeln

Kartoffelpuffer mit feurigem Apfelkompott

Apfel-Kartoffel-Gratin

Kasseler Rippchen mit Apfelspalten

Hühnerleberspieß mit Zwiebelconfit

Mostindien-Steaks

Kartoffel-Apfel-Suppe mit Pfefferminz-klößchen

Kartoffel-Apfel-Eintopf

kleine Mahlzeit

Nuß-Schmorapfel

120 g Walnuß-/ Baumnußkerne
200 g Vollrohrzucker
1 TL Zimtpulver
8 große Äpfel
Saft einer Zitrone
80 g flüssige Butter
30 g kalte Butter, in Stückchen
40 g Rosinen
4 Zimtstangen, halbiert
250 ml/2,5 dl Apfelsaft

1 Becher süße Sahne/Halbrahm (180–200 g)
1 EL Vanillezucker

1 Die Walnüsse mit 120 g Zucker und dem Zimtpulver im Cutter fein hacken beziehungsweise grob mahlen.

2 Die Äpfel schälen, das Kerngehäuse mit einem Apfelausstecher großzügig ausstechen. Die Äpfel außen und innen mit Zitronensaft beträufeln.
Mit flüssiger Butter bestreichen, dann in der Nußmischung drehen und diese fest andrücken.

3 Den Backofen auf 200 Grad vorheizen.

4 Die Äpfel in eine ofenfeste Form stellen. Den restlichen Zucker und die Butterstückchen mit einer Gabel vermischen. Die Rosinen beifügen, gut vermengen. Die Äpfel damit füllen. Jeweils eine halbe Zimtstange in die Mitte stecken. Die restliche flüssige Butter darüberträufeln. Den Apfelsaft in die Form gießen.

5 Die Äpfel auf mittlerem Einschub 40 bis 50 Minuten – je nach Apfelsorte – backen.

6 Die süße Sahne mit dem Vanillezucker steif schlagen. Separat zu den warmen Nußäpfeln servieren.

kleine Mahlzeit

Apfelkugeln mit Bananencreme

Apfelkugeln

350 g Vollkornbrot
400 g Äpfel
75 g flüssiger Honig
½ Zitrone, abgeriebene Schale und 2 EL Saft
6 Freilandeier

Bananencreme

2 Bananen
300 ml/3 dl Apfelsaft
2 EL Grenadinesirup

1 Das Brot sehr klein würfeln. Die Äpfel vierteln, entkernen und klein würfeln .

2 Brot, Äpfel, Honig, Zitronenschale, Zitronensaft und Eier gut vermengen. Aus der Masse 12 Kugeln formen. Diese so satt wie möglich einzeln in Klarsichtfolie einpacken und mit Küchengarn zu einem Beutel zusammenbinden. In siedendem Wasser 10 Minuten ziehen lassen.

3 Die Bananen schälen, mit dem Apfelsaft und dem Grenadinesirup im Mixer pürieren. Die Creme zu den heißen Kugeln servieren.

Variante

Nur die halbe Rezeptmenge zubereiten und mit einer Kugel Vanilleeis als Dessert servieren.

Omelettes-Apfelkuchen

kleine Mahlzeit

1 Für die Omelettes Mehl, Eigelb, Milch und Zucker gut verrühren. 30 Minuten stehen lassen.

2 Für die Füllung Apfelsaft, Orangenschale, Zitronensaft, Gewürze und Birnendicksaft gut verrühren. Die Apfelringe halbieren und mit den Rosinen beifügen. 30 Minuten marinieren.

3 Die Äpfel vierteln, entkernen und quer in Scheiben schneiden, mit den marinierten Zutaten in einen Kochtopf geben. Mit der süßen Sahne angießen, alles gut vermengen, aufkochen und kurz köcheln lassen. Die grob gehackten Haselnüsse untermischen.

4 Kurz vor dem Backen das Eiweiß mit dem Salz zu steifem Schnee schlagen und unter den Teig heben. In wenig Butterschmalz bei mittlerer Hitze nacheinander drei Omelettes beidseitig langsam backen.

5 Die Omelettes auf einem Teller abwechselnd mit dem Apfelkompott übereinander schichten.

Omeletteteig

- 70 g Vollkornmehl
- 2 Eigelb
- 150 ml/1,5 dl Milch
- 1 EL Vollrohrzucker
- 2 Eiweiß
- 1 Prise Meersalz

Butterschmalz/Bratbutter zum Backen

Füllung

- 200 ml/2 dl Apfelsaft
- 1 Orange, abgeriebene Schale
- 1 EL Zitronensaft
- 1 TL Zimtpulver
- 2 Prisen Muskatnuß
- 2 Prisen Ingwerpulver
- 2 EL Birnendicksaft
- 100 g getrocknete Apfelringe
- 100 g Rosinen
- 4 Äpfel
- 150 g/1,5 dl süße Sahne/Rahm
- 50 g Haselnüsse, grob gehackt

Tip

Kann warm oder gut gekühlt serviert werden.

Fischfilets mit Apfel-Lauch-Ragout

Hauptmahlzeit

1 Lauch
2 Äpfel
1 EL Butter

200 ml/2 dl Apfelsaft
300 ml/3 dl Weißwein
4 EL Apfelessig
Meersalz
Pfeffer
800 g Barsch-/Eglifilets oder andere Fischfilets
200 g/2 dl süße Sahne/Rahm
2 Eigelb
1 Bund Schnittlauch

1 Den Lauch in feine Scheiben schneiden. Die Äpfel schälen, mit dem Kugelausstecher Kugeln ausstechen.

2 Die Lauchscheiben und die Apfelkugeln in der Butter einige Minuten dünsten. Aus der Pfanne nehmen und warm stellen.

3 Apfelsaft, Wein, Essig, wenig Salz und Pfeffer aufkochen. Die Fischfilets einrollen, mit Holzspießchen fixieren und etwa 5 Minuten im Fond ziehen lassen. Die Fischröllchen herausnehmen und warm stellen.

4 Den Fischfond bei starker Hitze bis auf 150 ml/1,5 dl einkochen. Die Sahne zugießen, die Sauce nochmals auf die Hälfte reduzieren, würzen. Den Kochtopf von der Wärmequelle ziehen. Die Eigelb unter starkem Rühren mit dem Schneebesen beigeben. Die Sauce unter Rühren erhitzen, aber nicht mehr kochen. Den feingeschnittenen Schnittlauch zufügen.

5 Den Fisch und das Lauch-Apfel-Ragout auf Tellern anrichten. Mit der Sauce umgießen. Mit im Dampf gegarten Kartoffeln oder mit Trockenreis servieren.

kleine Mahlzeit

Apfelauflauf

100 g dünne Vollkorn-toast-Scheiben
50 g Butterschmalz/Bratbutter
3 säuerliche Äpfel
75 g Mandeln
100 g entsteinte, getrocknete Pflaumen

1 Orange, abgeriebene Schale

200 g/2 dl Crème fraîche/Sauerrahm oder saurer Halbrahm
100 ml/1 dl Milch
50 g Vollrohrzucker

Garnitur

1 Apfel, in Spalten
einige Pfefferminzblätter

1 Die Brotscheiben im Butterschmalz beidseitig kurz rösten. Eine Gratinform damit auslegen.

2 Die Äpfel schälen, halbieren und das Kerngehäuse entfernen. Die Apfelhälften auf einer groben Reibe raspeln. Die Hälfte davon auf den Brotscheiben verteilen.

3 Den Backofen auf 200 Grad vorheizen.

4 Die Mandeln grob hacken, die Pflaumen in Streifen schneiden, zusammen mit den Orangenschalen über die Äpfel streuen. Die restlichen geraspelten Äpfel darauf verteilen.

5 Crème fraîche, Milch und Zucker gut verrühren, über die Äpfel gießen.

6 Den Auflauf auf mittlerem Einschub 20 Minuten backen. Mit Apfelspalten und Pfefferminze garnieren.

Apfelmüsli

Frühstück oder kleine Mahlzeit

- 150 g getrocknete Apfelstücke
- 300 ml/3 dl Apfelsaft
- 300 g Müslimischung
- 400 ml/4 dl Milch
- 200 g Cottage Cheese/Hüttenkäse
- 4 rotbackige Äpfel
- 4 EL Pinienkerne

1 Die getrockneten Apfelstücke kleinschneiden, mit dem Apfelsaft aufkochen und zugedeckt etwa 5 Minuten köcheln, bis der Saft aufgesogen ist. Erkalten lassen.

2 Die Müslimischung mit der Milch vermengen. Den Cottage Cheese beifügen. Die Äpfel vierteln, entkernen und würfeln. Alle Äpfel und die Pinienkerne dazugeben, gut mischen.

Apfel-Ingwer-Suppe

Vorspeise

- 400 g Äpfel
- 2 Kartoffeln
- 1 Stück frische Ingwerwurzel
- 1 l Gemüsebrühe
- Meersalz
- reichlich Pfeffer
- eine Handvoll Kresse oder Zwiebelsprossen

1 Die Äpfel schälen, vierteln, entkernen und würfeln. Die Kartoffeln schälen und würfeln. Die Ingwerwurzel schälen und fein reiben.

2 Die Äpfel und die Kartoffeln in der Gemüsebrühe zugedeckt in rund 30 Minuten weich kochen. Pürieren und in den Kochtopf zurückgeben. Die Suppe mit Ingwer, Salz und Pfeffer würzen und nochmals aufkochen.

3 Die Apfel-Ingwer-Suppe in vorgewärmten Tellern anrichten. Mit Kresse oder Sprossen garnieren.

Speck-Apfel-Omelette

Hauptmahlzeit

1 Für den Teig das Mehl mit der Milch gut verrühren, 30 Minuten quellen lassen. Dann unter Rühren ein Ei nach dem andern dazugeben. Den Salbei fein hacken und zufügen, mit Salz und Zucker würzen.

2 Den Speck in breite Streifen schneiden. Die Äpfel vierteln, entkernen und in dünne Spalten schneiden. Sogleich mit dem Zitronensaft mischen.

3 Für jedes Omelette wenig Butter erhitzen, einige Speckstücke darin knusprig braten. Ein Viertel des Teigs beifügen, ein paar Apfelspalten darauf verteilen. Bei mittlerer Hitze so lange braten, bis die Unterseite goldbraun ist. Dann mit Hilfe eines Tellers wenden und auf der andern Seite braten. Warm stellen. Auf diese Weise drei weitere Omelettes backen.

Variante

Für Vegetarier den Speck weglassen.

Omeletteteig

150 g Vollkornmehl
300 ml/3 dl Milch
5 Freilandeier
einige Salbeiblätter
Meersalz
1 EL Vollrohrzucker

200 g Speckscheiben
500 g Äpfel
Saft einer halben Zitrone

Butter zum Braten

Tip

2 Eßlöffel Birnendicksaft mit 150 g Quark verrühren und separat zu den Speck-Apfel-Omelettes servieren.

kleine Mahlzeit

Pikantes Müsli

- 1 Zucchino
- 4 grüne Äpfel, z. B. Granny Smith
- 1 Avocado
- 300 ml/3 dl Milch
- 125 g Frischkäse
- 150 g Müslimischung
- Meersalz
- Pfeffer
- 3 EL Kürbiskerne

1 Den Zucchino auf einer groben Reibe raspeln. Die Äpfel vierteln, entkernen und quer in Scheiben schneiden. Die Avocado halbieren, den Stein entfernen. Mit einem Kugelausstecher Kugeln ausstechen.

2 Die Milch mit dem Frischkäse verrühren, die Müslimischung beifügen. Zucchini, Äpfel und Avocados unterrühren. Mit Salz und Pfeffer würzen.

3 Die Kürbiskerne in einer Pfanne ohne Fett rösten und über das Müsli streuen.

Kartoffelspatzen mit Grenadine-Äpfeln

1 Die Kartoffeln in der Schale im Dampf weich kochen, wenig auskühlen lassen. Die Kartoffeln schälen und durch das Passetout/Passevite treiben. Vollständig erkalten lassen.

2 Kartoffelpüree, Eier und Mehl gut vermengen, würzen.

3 Aus der Kartoffelmasse auf bemehlter Arbeitsfläche Rollen von ca. 2,5 cm Durchmesser formen. Die Rollen leicht flach drücken, so daß sie etwa 5 cm breit werden. Dann schräg in gleichmäßige, etwa 15 mm breite Stücke schneiden.

4 In einem Kochtopf reichlich Salzwasser zum Kochen bringen. Die »Spatzen« portionsweise beifügen und auf kleinem Feuer kochen, bis sie an die Oberfläche steigen. Mit einem Schaumlöffel herausnehmen.

5 Für das Kompott die Äpfel schälen, halbieren und das Kerngehäuse entfernen. Die Apfelhälften quer in Scheiben schneiden. Mit dem Apfelsaft und dem Grenadinesirup zu einem Kompott kochen.

6 Die Butter erhitzen. Die Kartoffelspatzen darin heiß werden lassen. Mit Mohn bestreuen. Mit dem Kompott servieren.

Hauptmahlzeit

Teig
- 1 kg Kartoffeln
- 2 Freilandeier
- 250 g Vollkornmehl
- Meersalz
- Pfeffer
- geriebene Muskatnuß

Kompott
- 750 g Äpfel
- 50 ml/0,5 dl Apfelsaft
- 6 EL Grenadinesirup

- 50 g Butter
- 4 EL Mohnsamen

kleine Mahlzeit

Kartoffelpuffer mit feurigem Apfelkompott

Apfelkompott

- 1 frische rote Pfefferschote/Peperoncino
- 1 kg Äpfel, z. B. Golden Delicious
- 100 ml/1 dl Apfelsaft
- 2 EL Birnendicksaft
- 1 EL Zitronensaft
- ½ TL Currypulver
- 2 Prisen Nelkenpulver
- ½ TL gemahlener Piment

Kartoffelpuffer

- 500 g Kartoffeln
- 1 Freilandei
- 1 EL Vollkornmehl
- Meersalz

- 2 EL Butterschmalz/Bratbutter

1 Die Pfefferschote längs halbieren, entkernen und in feine Streifen schneiden. Die Äpfel schälen, vierteln, entkernen und quer in Scheiben schneiden.

2 Pfefferschoten, Apfelscheiben, Apfelsaft, Birnendicksaft, Zitronensaft und Gewürze in einen Kochtopf geben und zu einem Kompott kochen.

3 Die Kartoffeln schälen und auf einer feinen Reibe raspeln. In ein Sieb geben und gut ausdrücken. Die geriebenen Kartoffeln mit dem Ei und dem Mehl gut vermengen, würzen.

4 Aus der Kartoffelmasse in dem Butterschmalz portionsweise »Puffer« (Küchlein) backen. Warm stellen. Noch heiß mit dem Kompott servieren.

kleine Mahlzeit oder Beilage

Apfel-Kartoffel-Gratin

500 g Äpfel
500 g Kartoffeln
2 Möhren/Karotten
2 Stengel Stauden-/Stangensellerie
1 Dose Maiskörner, abgetropft (ca. 140 g)
Meersalz
Pfeffer
80 g Roquefortkäse
250 g/2,5 dl süße Sahne/Rahm

1 Den Backofen auf 180 Grad vorheizen.

2 Die Äpfel schälen, vierteln, entkernen und quer in Scheiben schneiden. Die Kartoffeln schälen und würfeln. Die Möhren schälen und in Stäbchen schneiden. Den Sellerie in feine Scheiben schneiden.

3 Das Gemüse und die Maiskörner mischen. Mit Salz und Pfeffer würzen, in eine eingefettete Gratinform geben. Den Roquefort zerbröckeln, mit der süßen Sahne gut verrühren, über das Gemüse gießen.

4 Das Gratin auf mittlerem Einschub 60 Minuten backen.

Variante

300 g in Scheiben geschnittene Wurst mitgratinieren. Das Gratin als Hauptgericht servieren.

Kasseler Rippchen mit Apfelspalten

Hauptmahlzeit

1 EL Honig
$^1/_2$ TL Nelkenpulver
$^1/_2$ TL gemahlener Koriander
2 TL Currypulver
2 EL Senf
800 g geräucherte Schweinerippchen, am Stück
60 g Butterschmalz/Bratbutter
2 Zwiebeln, grob gewürfelt
400 ml/4 dl Apfelwein

4 Äpfel, z. B. Boskoop
30 g Butter

1 Den Backofen auf 250 Grad vorheizen.

2 Honig, Gewürze und Senf zu einer Paste verrühren. Das Fleisch damit bestreichen, die restliche Paste beiseite stellen.

3 Das Butterschmalz und die Zwiebelwürfel in einem Bräter verteilen, das Fleisch darauflegen. Auf mittlerem Einschub 10 Minuten braten, dazwischen einmal mit der Butter übergießen. Dann die Temperatur auf 200 Grad einstellen und das Fleisch während 30 Minuten garen, von Zeit zu Zeit mit Apfelwein übergießen.

4 Die Äpfel schälen, vierteln und entkernen. Die Apfelviertel einmal längs halbieren. In der heißen Butter dünsten, bis sie weich sind.

5 Das Fleisch aus dem Bräter nehmen. Die Sauce durch ein Sieb in einen Kochtopf gießen, die übriggebliebene Paste beifügen, aufkochen und kurz köcheln lassen.

6 Das Fleisch in Scheiben schneiden, auf vorgewärmten Tellern anrichten und mit der Sauce übergießen. Die Apfelspalten daneben anrichten.

Hühnerleberspieß mit Zwiebelconfit

1 Die Hühnerleber in 12 Portionen teilen. Die Stücke mit Senf bestreichen. Jede Portion in einer Schinkenscheibe einpacken, dazwischen je zwei Salbeiblätter legen.

2 Die Äpfel vierteln, entkernen und längs halbieren.

3 Die Apfelspalten abwechselnd mit den Schinken-Leber-Päckchen auf Spieße stecken.

4 Für das Zwiebelconfit den Zucker im Cutter fein mahlen, in einen Kochtopf geben und langsam karamelisieren. Mit dem Essig und der Hühnerbrühe aufgießen. Zugedeckt köcheln lassen, bis sich der Karamel aufgelöst hat. Die in feine Scheiben geschnittenen Zwiebeln dazugeben und einige Minuten mitköcheln. Mit Salz und Pfeffer abschmecken.

5 Die Spieße bei nicht zu großer Hitze im Butterschmalz beidseitig je etwa 4 Minuten braten. Mit dem heißen Confit servieren.

Hauptmahlzeit

Leberspieße

- 600 g Hühnerleber
- 1 EL Senf
- 12 Scheiben roher Schinken
- einige Zweige Salbeiblätter
- 2 Äpfel, geviertelt

- Butterschmalz/ Bratbutter

Zwiebelconfit

- 1 EL Vollrohrzucker
- 2 EL Essig
- 100 ml/1 dl Hühnerbrühe
- 2 Zwiebeln
- Meersalz
- Pfeffer

Hauptmahlzeit

Mostindien-Steaks

60 g Speckscheiben
2 Äpfel
2 EL Butterschmalz/Bratbutter
50 ml/0,5 dl Apfelwein

4 Scheiben gekochter Schinken/Modelschinken
4 dicke Schweinesteaks
Meersalz
Pfeffer

250 g Blätterteig
30 g flüssige Butter zum Bepinseln

200 g/2 dl süße Sahne/Rahm
2 TL Senf
1 TL Senfkörner, nach Belieben

1 Die Speckscheiben fein hacken. Die Äpfel schälen, vierteln, entkernen und klein würfeln.

2 Den Speck im Butterschmalz braten, die Äpfel beifügen und kurz dünsten. Den Apfelwein zugießen, einkochen und erkalten lassen.

3 Die Schinkenscheiben einzeln auf die Arbeitsfläche legen. Die mit Salz und Pfeffer gewürzten Schweinesteaks darauf legen, die Hälfte der Füllung darauf verteilen, den Schinken darüber zusammenlegen und verschließen.

4 Den Backofen auf 200 Grad vorheizen.

5 Den Teig ausrollen und in Vierecke schneiden. Die Steaks darin einpacken. Aus Teigresten nach Belieben Verzierungen ausschneiden und mit wenig Wasser aufkleben. Die Teigpakete mit Butter bepinseln und auf ein eingefettetes Blech legen. Auf mittlerem Einschub 20 Minuten backen.

6 Süße Sahne, Senf und Senfkörner aufkochen und etwas einkochen lassen. Die restliche Speck-Apfel-Füllung beigeben, aufkochen und zu den Steaks servieren.

Vorspeise

Kartoffel-Apfel-Suppe mit Pfefferminzklößchen

Pfefferminzklößchen

- 2 Scheiben Vollkorn-toastbrot
- 2 Bund Pfefferminze
- 20 g flüssige Butter
- 2 Eigelb
- Meersalz
- Pfeffer

Kartoffel-Apfel-Suppe

- 600 g Äpfel
- 600 g Kartoffeln
- 4 Stengel Stauden-/ Stangensellerie
- 1 EL Butter
- 1 l Gemüsebrühe
- 200 g/2 dl süße Sahne/Rahm
- Meersalz
- Pfeffer

1 Für die Pfefferminzklößchen das Brot entrinden, in Stücke zupfen und zusammen mit den Pfefferminzblättchen sehr fein hacken oder mit dem Stabmixer zerkleinern. Die Butter mit den Eigelb schaumig rühren. Mit der Brot-Minze-Masse gut vermengen, mit Salz und Pfeffer würzen. Über Nacht oder aber mindestens 4 Stunden zugedeckt in den Kühlschrank stellen.

2 Die Äpfel schälen, vierteln, entkernen und würfeln. Die Kartoffeln schälen und würfeln. Den Sellerie in feine Scheiben schneiden.

3 Äpfel, Kartoffeln und Sellerie in der Butter dünsten. Mit der Gemüsebrühe aufgießen. Die süße Sahne dazugeben. 25 Minuten bei kleiner Hitze köcheln lassen. Die Suppe pürieren und zurück in den Kochtopf gießen, aufkochen. Mit Salz und Pfeffer abschmecken. Den Topf von der Wärmequelle ziehen.

4 Von der Pfefferminzmasse mit einem Teelöffel Klößchen abstechen. Die Klößchen in die Suppe geben und darin heiß werden lassen. Sogleich servieren.

Kartoffel-Apfel-Eintopf

Hauptmahlzeit

- 1 kg Kartoffeln
- 1 kg Äpfel
- 750 g magerer geräucherter Speck
- 1 Zwiebel
- 1 Knoblauchzehe
- 1 EL Butter
- 200 ml/2 dl Apfelwein
- 150 ml/1,5 dl Gemüsebrühe
- 100 g getrocknete Aprikosen
- 1 Msp Nelkenpulver
- Meersalz
- Pfeffer
- 1 Zweig Bohnenkraut

1 Die Kartoffeln schälen. Die Äpfel schälen, halbieren und das Kerngehäuse entfernen. Kartoffeln, Äpfel und Speck in mundgerechte Stücke schneiden. Die Zwiebel in feine Scheiben schneiden, den Knoblauch fein hacken.

2 Zwiebeln und Knoblauch in der Butter dünsten. Speck, Kartoffeln und Äpfel beifügen, einige Minuten mitdünsten. Erst mit dem Apfelwein, dann mit der Gemüsebrühe angießen. Die Aprikosen beigeben, aufkochen. Mit Nelkenpulver, Salz und Pfeffer würzen, das Bohnenkraut dazulegen. Den Eintopf 30 Minuten bei kleiner Hitze köcheln lassen.

Variante

Für Vegetarier den Speck durch Kürbis ersetzen.

Apfeltörtchen

Mohn-Apfel-Strudel

Süße Apfelpizza

Thurgauer Apfelkuchen

Kartoffel-Apfel-Strudel

Tarte Tatin

Siebenbürger Apfelgugelhupf

Süße und pikante Kuchen

Apfelpie mit Vanillecreme

Apfel-Blechkuchen

Torta di mele

Apfeltörtchen mit Kokosguß

Apfelbrioches

Lauch-Apfel-Quiche

Pikanter Apfelfladen

Kartoffel-Apfel-Kuchen

Apfeltörtchen

Für 6 kleine Förmchen von ca. 12 cm ∅

250 g Blätterteig
6–8 säuerliche Äpfel, z. B. Gravensteiner
30 g Butter
1 Zitrone
3 EL Vollrohrzucker

Tip

Süße Sahne mit Vanillezucker flaumig schlagen und zu den noch warmen Törtchen servieren.
Nach Belieben den Blätterteig selber herstellen, siehe Rezept »Apfelpie«, Seite 74

1 Den Teig so dünn wie möglich ausrollen. Die eingefetteten Förmchen damit auslegen. Den Teig mit einer Gabel mehrmals einstechen.

2 Den Backofen auf 180 Grad vorheizen.

3 Die Äpfel schälen, vierteln, entkernen und die Fruchtviertel in dünne Spalten schneiden. Die Apfelspalten kreisförmig auf dem Teig anordnen. Die Butter in kleinen Stücken darauf verteilen. Die Zitronenschale über die Früchte reiben und den Zitronensaft darüberträufeln. Den Zucker unmittelbar vor dem Backen daraufstreuen.

4 Die Apfeltörtchen auf unterstem Einschub rund 20 Minuten hellbraun backen.

Mohn-Apfel-Strudel

für ca. 8 Stücke

Strudelteig

- 150 g Dinkelweißmehl
- 2 EL Öl
- 1 Msp Meersalz
- 75 ml/0,75 dl lauwarmes Wasser

Füllung

- 200 g Mohnsamen
- 400 ml/4 dl Milch
- 400 g Äpfel
- 1 Zitrone, abgeriebene Schale
- 2 EL Zitronensaft
- 80 g Vollrohrzucker
- 100 g Rosinen

- 50 g flüssige Butter

1 Das Mehl auf die Arbeitsfläche sieben. In der Mitte eine Vertiefung formen. Öl, Salz und Wasser hineingeben, zu einem Teig zusammenfügen. So lange kneten, bis der Teig glatt und geschmeidig ist und seidig glänzt. In Klarsichtfolie wickeln und bei Zimmertemperatur rund 30 Minuten ruhen lassen.

2 Für die Füllung den Mohn im Cutter fein mahlen, mit der Milch aufkochen und bei kleiner Hitze 30 Minuten sanft köcheln respektive ausquellen lassen. Dann vollständig auskühlen lassen.

3 Die Äpfel schälen, vierteln und entkernen, klein würfeln. Sogleich mit der Zitronenschale und dem Saft vermischen. Mohn, Zucker und Rosinen mit den Apfelwürfelchen mischen.

4 Den Teig auf wenig Mehl dünn ausrollen. Ein Tuch unterlegen und den Teig von Hand dünn ausziehen, indem man mit den Handrücken unter den Teig geht und diesen langsam und gleichmäßig dehnt und zieht. Die dicken Ränder abschneiden.

5 Den Backofen auf 200 Grad vorheizen.

6 Das Teigblatt mit flüssiger Butter einpinseln. Die Füllung gleichmäßig darauf verteilen; dabei auf den beiden Längsseiten einen etwa 3 cm breiten Rand frei lassen, diesen über die Füllung einschlagen. Auf einer Schmalseite die Füllung bis zum Rand verteilen, auf der andern Seite soll ein 20 cm breiter Rand frei bleiben.

Tip

Sie können auch fertigen Strudelteig aus dem Tiefkühlregal verwenden (1 Packung).

7 Strudelteig mit Hilfe des Tuches so satt wie möglich einrollen, beginnend mit der Seite, die bis zum Rand mit Füllung bedeckt ist. Mit der Verschlußseite nach unten auf ein mit Backpapier belegtes Blech legen.

8 Den Mohn-Apfel-Strudel mit flüssiger Butter einpinseln und auf mittlerem Einschub etwa 35 Minuten backen. Von Zeit zu Zeit mit der restlichen Butter bestreichen.

Süße Apfelpizza

kleine Mahlzeit

1 Die Hefe mit 2 Eßlöffeln Milch flüssig rühren. Das Mehl mit dem Zucker in einer Schüssel mischen. Die restliche Milch und die angerührte Hefe dazugießen, zusammenfügen und während 5 bis 10 Minuten zu einem geschmeidigen Teig kneten. Ist der Teig zu trocken, knetet man etwas Milch ein, ist er zu feucht, braucht es wenig Mehl. Den Teig in eine Schüssel legen und mit einem feuchten Tuch bedecken. Auf das doppelte Volumen aufgehen lassen.

2 Die getrockneten Apfelspalten grob würfeln. Mit dem Apfelwein aufkochen, dann im Sud auskühlen lassen. Abgießen. Die Äpfel schälen, vierteln, entkernen und in dünne Spalten schneiden.

3 Den Backofen auf 180 Grad vorheizen.

4 Quark, Eier und Zucker gut verrühren. Die Apfelspalten und die getrockneten Apfelstücke untermischen.

5 Den Teig nochmals kurz kneten. 4 Kreise von ca. 18 cm Durchmesser ausrollen. Die Teigkreise in zwei eingefettete Bleche legen. Einen kleinen Rand formen. Die Apfelmasse darauf verteilen.

6 Die Apfelpizzas im vorgeheizten Ofen bei 180 Grad auf mittlerem Einschub rund 45 Minuten backen. Die Nüsse grob hacken und darüberstreuen.

Teig

20 g Hefe
ca. 200 ml/2 dl lauwarme Milch
350 g Dinkelruchmehl
1 EL Vollrohrzucker

Belag

120 g getrocknete Apfelspalten
400 ml/4 dl Apfelwein
6 kleine Äpfel
300 g Quark
2 Freilandeier
125 g Vollrohrzucker

100 g Haselnüsse

Tip

Wenn es schnell gehen muß, nimmt man 500 g gekauften Pizzateig.

Thurgauer Apfelkuchen

Für eine Springform von 26–28 cm ∅

250 g zimmerwarme Butter
250 g Vollrohrzucker
3 Eigelb
Saft einer halben Zitrone
2 EL Rum
4–6 Äpfel, je nach Größe
2 EL Vollrohrzucker
2 Eiweiß
300 g Dinkelweißmehl
1 Beutel Weinsteinbackpulver

Staubzucker für die Garnitur

1 Die Butter mit dem Handrührgerät so lange rühren, bis sie weiß ist und an Volumen sichtbar zugenommen hat; dies dauert rund 10 Minuten. Den Zucker beifügen und rühren, bis er sich aufgelöst hat. Eigelb, Zitronensaft und Rum dazugeben und die Masse rühren, bis sie cremig ist.

2 Die Äpfel schälen, halbieren und das Kerngehäuse entfernen. Die Apfelhälften auf der gewölbten Seite kreuzweise alle 5 mm einschneiden, aber nur so tief, daß sie immer noch zusammenhalten. Im Zucker wenden.

3 Den Backofen auf 180 Grad vorheizen.

4 Die Eiweiß zu steifem Schnee schlagen. Das Mehl mit dem Backpulver gut mischen und abwechselnd mit dem Eiweiß unter die Buttermasse ziehen.

5 Den Teig in die eingefettete Springform füllen, die Apfelhälften mit der Wölbung nach oben darauf verteilen und leicht andrücken.

6 Den Apfelkuchen auf mittlerem Einschub etwa 30 Minuten backen. Auskühlen lassen und mit dem Staubzucker bestäuben.

Kartoffel-Apfel-Strudel

für ca. 12 Stück

Teig

- 300 g gekochte Schalenkartoffeln vom Vortag
- 250 g Vollkornmehl
- 1 Beutel Weinsteinbackpulver
- 125 g Vollrohrzucker
- 1 Vanilleschote, längs aufgeschnitten
- 100 g zimmerwarme Butter
- 1 Freilandei

Füllung

- 750 g Äpfel
- 4 EL Zitronensaft
- 80 g Rosinen
- 80 g Vollrohrzucker
- 1 EL Zimtpulver

- 30 g flüssige Butter

1 Die Kartoffeln schälen und durch die Kartoffelpresse oder ein Passiergerät drücken.

2 Kartoffelpüree, Mehl, Backpulver, Zucker, ausgeschabtes Vanillemark, Butter und Ei in eine Schüssel geben und zu einem festen Teig verkneten. Ist der Teig zu feucht, knetet man noch etwas Mehl ein. Den Teig 1 Stunde kühl stellen.

3 Für die Füllung die Äpfel schälen, vierteln, entkernen und in dünne Spalten schneiden, sogleich mit dem Zitronensaft vermengen. Rosinen, Zucker und Zimt untermischen.

4 Den Backofen auf 200 Grad vorheizen.

5 Den Teig auf einem bemehlten Tuch zu einem Rechteck von etwa 30 x 40 cm ausrollen. Die Füllung darauf verteilen, auf den beiden Längsseiten einen 5 cm breiten Rand frei lassen, diesen über die Füllung einschlagen.

6 Den Teig mit Hilfe des Tuches von einer Schmalseite her so satt wie möglich einrollen. Mit der Verschlußseite nach unten auf ein mit Backpapier belegtes Blech legen.

7 Den Kartoffel-Apfel-Strudel mit flüssiger Butter einpinseln und auf mittlerem Einschub etwa 40 Minuten backen. Von Zeit zu Zeit mit der restlichen Butter bestreichen.

Tarte Tatin

für ein Kuchenblech von 26 cm ∅

Mürbeteig

- 200 g Vollkornmehl
- 2 EL Vollrohrzucker
- 1 Prise Meersalz
- 140 g kalte Butter, in Stückchen
- 1 Freilandei

- 1 kg Äpfel, z. B. Golden Delicious
- 50 g zimmerwarme Butter
- 100 g Vollrohrzucker

1 Mehl, Zucker und Salz in einer Schüssel mischen. Die Butter beifügen, zwischen den Fingern mit der Mehlmischung krümelig reiben. Das Ei beigeben, den Teig schnell kneten, jedoch nur so lange, bis er zusammenhält. Etwa 1 Stunde kühl stellen.

2 Den Backofen auf 250 Grad vorheizen.

3 Den Teig auf Kuchenblechgröße ausrollen.

4 Die Äpfel schälen, vierteln und entkernen.

5 Das Blech großzügig mit Butter ausstreichen. Den Zucker im Cutter fein mahlen, das Blech damit gleichmäßig ausstreuen. Im Ofen während rund 8 Minuten schmelzen, bis der Zucker hellbraun karamelisiert; damit der Karamel nicht zu dunkel wird und verbrennt, muß dieser Vorgang unbedingt überwacht werden. Das Blech sogleich aus dem Ofen nehmen. Den Ofen auf 200 Grad einstellen.

6 Die Apfelviertel mit der Rundung nach unten sehr dicht auf dem Karamel auslegen. Den Teig locker darauflegen, den Teigrand innen am Formenrand hinunterdrücken. Den Teig mit einer Gabel mehrmals einstechen.

7 Die Tarte Tatin auf mittlerem Einschub in etwa 20 Minuten braun backen.

8 Den Kuchen aus dem Ofen nehmen, 2 Minuten auskühlen lassen, dann auf eine Platte stürzen.

Tip

Noch warm mit flaumig geschlagener süßer Sahne servieren.

Siebenbürger Apfelgugelhupf

1 Die Butter mit dem Handrührgerät so lange rühren, bis sie weiß ist und an Volumen sichtbar zugenommen hat; dies dauert rund 10 Minuten. Den Zucker beifügen und rühren, bis er sich aufgelöst hat. Ein Ei nach dem andern beigeben und die Masse rühren, bis sie luftig ist. Das Mehl mit dem Backpulver gut mischen und unter die Masse rühren.

2 Den Backofen auf 180 Grad vorheizen.

3 Die Äpfel schälen, halbieren und das Kerngehäuse entfernen. Die Fruchthälften auf einer groben Reibe raspeln, zum Teig geben und untermischen. Dann die Schokolade und die Nüsse untermischen.

4 Den Teig in eine eingefettete Form füllen. Auf mittlerem Einschub rund 50 Minuten backen. Anschließend den Apfelgugelhupf 10 Minuten ruhen lassen, dann aus der Form stürzen und auskühlen lassen.

hinten: Siebenbürger-Apfelgugelhupf
vorn: Apfelbrioches, Rezept Seite 79

Für eine Gugelhupfform von 22 cm ∅

- **200 g zimmerwarme Butter**
- **200 g Vollrohrzucker**
- **4 Freilandeier**
- **200 g Vollkornmehl**
- **2 TL Weinsteinbackpulver**
- **500 g Äpfel**
- **100 g geriebene dunkle Schokolade**
- **120 g geriebene Nüsse, z. B. Haselnüsse, Walnüsse/Baumnüsse, Mandeln**

Apfelpie mit Vanillecreme

für eine Pieform von 26 cm ∅

Quarkblätterteig

125 g Vollkornmehl
1 Prise Meersalz
125 g kalte Butter, in Stückchen
125 g Sahne-/Rahmquark

Füllung

1,5 kg Äpfel
Saft einer Zitrone
50 g Walnuß-/Baumnußkerne, grob gehackt
150 g Vollrohrzucker
½ TL Zimtpulver
50 g Rosinen

1 Freilandei, Eiweiß und Eigelb getrennt

Vanillecreme

1 Vanilleschote, längs aufgeschnitten und Samen ausgeschabt
½ l Milch
2 EL Vollrohrzucker
2 EL Maisstärke
3 Eigelb

1 Das Mehl mit dem Salz in einer Schüssel mischen. Die Butter und den Quark beifügen, gut vermengen und nur so lange kneten, bis der Teig zusammenhält. Den Teig mindestens 1 Stunde kühl stellen.

2 Damit der Teig blättrig wird, gibt man ihm nun etwa vier »Touren«, d. h. er wird viermal ausgerollt und eingeschlagen: Den Teig etwa 1 cm dick zu einem Rechteck ausrollen, von der Schmalseite her in drei Teile falten. 30 Minuten ruhen lassen oder noch besser kurze Zeit in den Tiefkühler legen. Diesen Vorgang dreimal wiederholen. Den Teig mindestens 2 Stunden kühl stellen.

3 Für die Füllung Äpfel schälen, vierteln, entkernen und in dünne Spalten schneiden, mit dem Zitronensaft mischen. Übrige Zutaten untermischen.

4 Den Backofen auf 200 Grad vorheizen.

5 Die Apfelmischung in die eingefettete Pieform füllen. Den Teig in der Größe der Form ausrollen. Den Formenrand mit Eiweiß bepinseln, den Teig darüberlegen und außen am Formenrand gut andrücken. Den Teig mit Eigelb bepinseln. Mit einer Gabel mehrmals einstechen. Auf mittlerem Einschub etwa 30 Minuten backen.

6 Für die Creme alle Zutaten unter ständigem Rühren aufkochen, den Topf vom Feuer ziehen. Die Creme auskühlen lassen, die Schote entfernen. Die Vanillecreme zur warmen Pie servieren.

Apfel-Blechkuchen

für ein Kuchenblech von ca. 32 x 40 cm

200 g gekühltes Backmarzipan

Mürbeteig

600 g Dinkel-Ruchmehl
250 g Vollrohrzucker
1 Prise Meersalz
375 g kalte Butter, in Stückchen
2 Freilandeier

1,5 kg etwa gleich große Äpfel, z. B. Boskoop, Golden Delicious

Staubzucker für die Garnitur

1 Mehl, Zucker und Salz in einer Schüssel mischen. Die Butter beifügen, zwischen den Fingern mit der Mehlmischung krümelig reiben. Die Eier beigeben, den Teig schnell kneten, jedoch nur so lange, bis er zusammenhält. In Klarsichtfolie wickeln und etwa 1 Stunde kühl stellen.

2 Die Äpfel schälen, vierteln und entkernen. Die Fruchtviertel halbieren, die Spalten sollen alle etwa gleich dick sein.

3 Den Teig halbieren, die eine Hälfte wieder in den Kühlschrank legen, die andere in der Größe des Blechs auf einem Backpapier ausrollen. Mit dem Papier auf das Blech legen.

4 Das Marzipan auf einer feinen Reibe raspeln und auf dem Teig verteilen.

5 Den Backofen auf 200 Grad vorheizen.

6 Die Apfelspalten dicht aneinanderstoßend in Reihen auf den Teig legen. Die andere Teighälfte in der Größe des Blechs auf Backpapier ausrollen, auf die Äpfel gleiten lassen und am Rand mit einem Messer gerade abschneiden. Den Teig entlang des Blechrandes wenig hinunterdrücken.

7 Den Kuchen auf mittlerem Einschub etwa 40 Minuten backen. Auskühlen lassen und mit Staubzucker besieben.

Tip

Süße Sahne mit etwas Zimtpulver flaumig schlagen und zum Kuchen servieren.

Torta di mele

für ein Kuchenblech von 26 cm ∅

750 g säuerliche Äpfel, z. B. Glockenäpfel
Saft einer Zitrone
2 Freilandeier
200 g Vollrohrzucker
1 Beutel Vanillezucker
100 g flüssige Butter
100 g Vollkornmehl
½ Beutel Weinsteinbackpulver
100 ml/1 dl Milch

Tip

Süße Sahne mit Vanillezucker flaumig schlagen und zum noch heißen Kuchen servieren. Der Kuchen schmeckt kalt ebenfalls sehr gut, auch nach 1 bis 2 Tagen.

1 Die Äpfel schälen, vierteln und entkernen. Die Fruchtviertel quer in dünne Scheiben schneiden und sogleich mit dem Zitronensaft vermengen.

2 Den Backofen auf 200 Grad vorheizen.

3 Eier, Zucker und Vanillezucker zu einer luftigen Creme aufschlagen, die Butter beifügen. Das Mehl mit dem Backpulver mischen und abwechselnd mit der Milch unter die Masse rühren. Die Äpfel untermischen.

4 Die Masse auf dem gut eingefetteten Kuchenblech verteilen. Auf mittlerem Einschub etwa 45 Minuten backen.

Zum Rezept

Torta di mele ist eine italienische Spezialität aus der Toskana.

Apfeltörtchen mit Kokosguß

ergibt 8 Törtchen von ca. 10 cm ∅

Mürbeteig

- 350 g Vollkornmehl
- 100 g Vollrohrzucker
- 1 Prise Meersalz
- 200 g kalte Butter, in Stückchen
- 1 Freilandei

Guß

- 50 g Kokosnußraspel
- 50 g Vollrohrzucker
- 2 Freilandeier
- 100 g/1 dl süße Sahne/Rahm

- 4 Äpfel

- 2 EL Zitronensaft
- 25 g flüssige Butter

1 Mehl, Zucker und Salz in einer Schüssel mischen. Die Butter beifügen, zwischen den Fingern mit der Mehlmischung krümelig reiben. Das Ei beigeben, den Teig schnell kneten, jedoch nur so lange, bis er zusammenhält. In Klarsichtfolie wickeln und etwa 1 Stunde kühl stellen.

2 Für den Guß alle Zutaten gut verrühren.

3 Die Äpfel schälen, halbieren und das Kerngehäuse entfernen. Die Apfelhälften kreuzweise alle 1 cm ca. 5 mm tief einschneiden.

4 Den Backofen auf 200 Grad vorheizen.

5 Den Teig 5 mm dünn ausrollen. 8 Scheiben in der Größe der Förmchen (ohne Rand) ausschneiden. In die eingefetteten Förmchen legen. Aus dem restlichen Teig Blätter schneiden. Diese als Rand ziegelartig an den Formenrand legen.

6 Den Guß in die Förmchen verteilen, je eine Apfelhälfte darauf legen. Den Zitronensaft mit der Butter verrühren, die Äpfel damit bestreichen.

7 Die Apfeltörtchen auf mittlerem Einschub etwa 25 Minuten backen. Von Zeit zu Zeit mit dem restlichen Saft bestreichen.

Apfelbrioches

ergibt ca. 12 Stück von 8 cm ∅

20 g flüssige Butter
400 g säuerliche Äpfel
1 Zitrone, abgeriebene Schale und Saft
150 g zimmerwarme Butter
150 g Vollrohrzucker
3 Freilandeier
200 g Dinkelweißmehl
2 TL Weinsteinbackpulver
1 TL Zimtpulver
75 g Walnuß-/Baumnußkerne, grob gehackt

1 Die Briocheförmchen mit flüssiger Butter auspinseln. In den Kühlschrank stellen.

2 Die Äpfel schälen, vierteln und entkernen. Die Fruchtviertel quer in Scheiben schneiden und sogleich mit der Zitronenschale und dem Saft mischen.

3 Die Butter so lange rühren, bis sie weiß ist und an Volumen sichtbar zugenommen hat; dies dauert rund 10 Minuten. Den Zucker beifügen und rühren, bis er sich aufgelöst hat. Unter Rühren ein Ei nach dem andern dazugeben und weiterrühren, bis die Masse luftig ist.

4 Den Backofen auf 180 Grad vorheizen.

5 Mehl, Backpulver und Zimt mischen und unter die Buttermasse rühren. Zuletzt die Äpfel und die grob gehackten Nüsse unterrühren. Den Teig in die Förmchen füllen.

6 Die Brioches auf mittlerem Einschub etwa 25 Minuten backen. Erkalten lassen.

Abbildung Seite 72

Lauch-Apfel-Quiche

für eine flache Kuchenform von 26 cm Ø

Teig

300 g Vollkornmehl
125 g flüssige Butter
150 ml/1,5 dl Wasser
1 TL Meersalz

Füllung

500 g Lauch
2 EL Butter
100 ml/1 dl Apfelwein
Meersalz
Pfeffer
2 große Äpfel
2 Freilandeier
150 g/1,5 dl süße Sahne/ Halbrahm

1 Alle Zutaten für den Teig in eine Schüssel geben, mit einem Rührlöffel gut verrühren und zu einem Teig zusammenfügen. 60 Minuten kühl stellen.

2 Für die Füllung den Lauch in feine Scheiben schneiden, in der Butter gut dünsten. Mit dem Apfelwein angießen, 10 Minuten köcheln. Mit Salz und Pfeffer würzen, dann wenig auskühlen lassen.

3 Den Backofen auf 220 Grad vorheizen.

4 Die Äpfel schälen, halbieren und das Kerngehäuse entfernen. Die Apfelhälften auf einer groben Reibe raspeln. Mit dem Lauch vermengen.

5 Die Eier mit der süßen Sahne verquirlen und mit dem Lauch-Apfel-Gemisch gut vermengen.

6 Den Teig ausrollen, die eingefettete Kuchenform damit auslegen. Die Füllung darauf verteilen.

7 Die Quiche auf mittlerem Einschub etwa 35 Minuten backen.

Pikanter Apfelfladen

für ein Kuchenblech von ca. 30 x 40 cm

Teig

20 g Hefe
300 ml/3 dl lauwarmes Wasser
500 g Vollkornmehl
1 ½ TL Meersalz
2 EL Olivenöl extra nativ

Belag

3 Zwiebeln
1 kg Äpfel
250 g Emmentaler Käse
Meersalz
Pfeffer
1 EL Kümmel
75 g Rosinen

Tip

Soll es sehr schnell gehen, verwenden Sie ca. 750 g fertigen Pizzateig aus dem Kühlregal.

1 Den Teig herstellen und gehen lassen wie bei der süßen Apfelpizza, Seite 67, beschrieben, dabei mit dem Wasser gleichzeitig das Öl zum Mehl geben. Den Teig nochmals kurz kneten, dann zu einem Rechteck ausrollen und in ein eingefettetes Backblech legen.

2 Den Backofen auf 220 Grad vorheizen.

3 Die Zwiebeln in feine Scheiben schneiden. Die Äpfel schälen, vierteln und entkernen, in Spalten schneiden. Den Emmentaler Käse grob raspeln.

4 Auf dem Teig zuerst die Zwiebeln, dann die Äpfel und zum Schluß den Käse verteilen. Mit Salz, Pfeffer und Kümmel würzen. Mit den Rosinen bestreuen.

5 Den Fladen auf unterstem Einschub etwa 20 Minuten backen.

Kartoffel-Apfel-Kuchen

1 Alle Zutaten für den Teig in eine Schüssel geben. Mit den Händen möglichst rasch zu einem festen Teig kneten, nur so lange, bis er zusammenhält. In Klarsichtfolie wickeln und etwa 1 Stunde kühl stellen.

2 Für den Belag die Kartoffeln schälen. Die Äpfel schälen, halbieren und das Kerngehäuse entfernen. Die Kartoffeln und die Äpfel auf einer groben Reibe raspeln. Mit dem Käse mischen.

3 Den Backofen auf 200 Grad vorheizen.

4 Zwiebel, Knoblauch, Petersilie und Majoranblättchen fein hacken. Mit den weiteren Zutaten vermischen, dann mit dem Kartoffel-Apfel-Gemisch vermengen.

5 Den Teig ausrollen und in das eingefettete Blech legen. Die Füllung darauf verteilen. Auf mittlerem Einschub etwa 30 Minuten backen. Heiß servieren.

Für ein Kuchenblech von 26 cm Ø

Teig

- 125 g Vollkornmehl
- 1 Prise Meersalz
- 1 Eigelb
- 75 g Quark
- 40 g kalte Butter, in Stückchen

Belag

- 250 g Kartoffeln, am Vortag in der Schale gekocht
- 250 g Äpfel
- 100 g geriebener Greyerzer Käse
- 1 große Zwiebel
- 1 Knoblauchzehe
- 1 Bund Petersilie
- 2 Zweige Majoran
- 100 ml/1 dl Milch
- 1 Becher Sauermilch (150–180 g)
- 2 Eier
- 1 TL Meersalz
- Pfeffer, Muskatnuß
- 200 g Cottage Cheese mit Schnittlauch, Hüttenkäse

Tip

Sie können auch fertigen Kuchenteig verwenden.

Apfel-Zwiebel-Pilz-Ragout

Brie-Äpfel

Apfelrösti

Quark-Apfel-Dip

Cottage Cheese mit Möhren und Äpfeln

Beilagen und Saucen

Scharfe Joghurtsauce

Apfel-Curry-Sauce

Früchte-Quarksauce

Sellerie-Apfel-Ragout

Apfel-Meerrettich-Vinaigrette

Beilage

Apfel-Zwiebel-Pilz-Ragout

200 g Saucenzwiebeln oder kleine Schalotten
300 g Herbstpilze, z. B. Steinpilze, Pfifferlinge/ Eierschwämme, Maronenröhrlinge
1 Bund Petersilie
1 Bund Schnittlauch
2 große Äpfel
50 g Butter
50 g Speck
200 ml/2 dl Apfelwein
2 EL Apfelessig

1 Die Zwiebeln schälen, je nach Größe eventuell halbieren oder vierteln. Die Pilze putzen, große Pilze halbieren. Die Petersilie fein hacken, den Schnittlauch fein schneiden. Den Speck klein würfeln. Die Äpfel vierteln, entkernen und quer in Scheiben schneiden.

2 Die Pilze und die Kräuter in wenig heißer Butter einige Minuten dünsten, aus der Pfanne nehmen.

3 Den Speck in der Pilzpfanne braun braten, die Äpfel beifügen und einige Minuten mitdünsten, dann alles zu den Pilzen geben.

4 Die Zwiebeln in der gleichen Pfanne braun braten, dann mit dem Apfelwein und dem Essig angießen. Zugedeckt 20 Minuten schmoren lassen. Alle Zutaten beifügen, aufkochen. Die Pfanne vom Feuer ziehen, die restliche Butter unterrühren.

Tip

Als Beilage zu Wild, Kasseler Rippchen oder Schweinebraten.

Beilage

Brie-Äpfel

4 mittelgroße säuerliche Äpfel
Saft einer halben Zitrone
200 g Brie oder anderer Weißschimmelkäse
2 EL Korinthen
3 Freilandeier
6 EL Kaffeesahne/ Kaffeerahm
Meersalz
weißer Pfeffer
geriebene Muskatnuß
100 ml/1 dl Weißwein
3 EL Vollrohrzucker
1 EL Butter, in Stückchen

Tip

Als Beilage zu gebratenem oder gegrilltem Fleisch wie Koteletts, Schnitzel.

1 Von jedem Apfel an der Stielseite einen Deckel abschneiden. Mit einem Kugelausstecher die Äpfel großzügig aushöhlen. Das Kerngehäuse entfernen, einen Teil des ausgehöhlten Fruchtfleisches in Würfel schneiden und gleich mit dem Zitronensaft beträufeln.

2 Den Brie fein würfeln und mit den Apfelwürfelchen und den Korinthen in die Äpfel füllen.

3 Den Backofen auf 180 Grad vorheizen.

4 Die Eier mit der Kaffeesahne verquirlen, mit Salz, Pfeffer und Muskatnuß würzen. Den Guß in die Äpfel gießen.

5 Den Weißwein mit dem Zucker verrühren und mit den Butterstückchen in eine feuerfeste Form geben. Die Deckel der Äpfel aufsetzen, die Äpfel in die Form stellen.

6 Die gefüllten Äpfel auf mittlerem Einschub etwa 20 Minuten braten, bis sie weich sind.

Apfelrösti

Beilage

500 g Kartoffeln	
500 g Äpfel	
2 EL Butterschmalz/ Bratbutter	
2 Zwiebeln	
100 g Sultaninen	
Meersalz	
Pfeffer	
100 ml/1 dl Apfelwein	

1 Die Kartoffeln am Vortag in der Schale im Dampf weich kochen.

2 Die Kartoffeln schälen. Die Äpfel schälen, halbieren und das Kerngehäuse entfernen. Die Kartoffeln und die Äpfel auf einer groben Reibe raspeln. Die Zwiebeln in feine Scheiben schneiden.

3 Die Butter in einer weiten Bratpfanne zerlassen, die Zwiebelscheiben darin dünsten. Die Äpfel und die Kartoffeln beifügen, alles gut vermengen. Die Sultaninen beigeben, mit Salz und Pfeffer würzen. Die Rösti zugedeckt bei kleiner Hitze 20 Minuten braten. Den Apfelwein über die Rösti gießen, bei etwas höherer Hitze kurz knusprig braten. Auf eine Platte stürzen und servieren.

Tip

Als Beilage zu heißen Würstchen oder mit Milchkaffee als kleine Hauptmahlzeit.

Quark-Apfel-Dip

1 Den Apfel vierteln, entkernen und klein würfeln. Den Sellerie klein würfeln. Die Nüsse grob hacken.

2 Alle Zutaten für den Dip gut vermengen. Mit Apfelspalten und Nüssen garnieren.

- 1 Apfel
- 1 Stengel Stauden-/Stangensellerie
- 40 g Walnuß-/Baumnußkerne
- 200 g Vollmilchquark
- Meersalz, Pfeffer
- einige Tropfen Tabascosauce

Tip

Als Sauce zu Baked Potatoes, als Gemüsedip.

Cottage Cheese mit Möhren und Äpfeln

1 Die Möhren schälen. Den Apfel schälen, halbieren und das Kerngehäuse entfernen. Die Möhren und die Apfelhälften auf einer groben Reibe raspeln.

2 Cottage Cheese, Joghurt, Senf und fein geschnittenen Schnittlauch verrühren. Die Möhren und die Äpfel unterrühren. Mit Salz und Pfeffer würzen.

- 3 Möhren/Karotten
- 1 Apfel
- 200 g Cottage Cheese/Hüttenkäse
- 1 Becher Naturjoghurt (150–180 g)
- 1 TL Senf
- 1 Bund Schnittlauch
- Meersalz, Pfeffer

Tip

Als Gemüsedip, zu allen Fleischsorten, zu Geflügel und Fisch, zu Baked Potatoes, als Brotaufstrich.

hinten: Scharfe Joghurtsauce, Rezept Seite 92
Mitte: Quark-Apfel-Dip
vorn: Cottage Cheese mit Möhren und Äpfeln

Scharfe Joghurtsauce

5 EL Kokosnußraspel
1 TL Kreuzkümmel
1 TL Senfsamen
1 Apfel
1 EL Zitronensaft
1 Becher Apfeljoghurt (150–180 g)
1 Becher Naturjoghurt (150–180 g)
Meersalz
1/4 TL Chilipulver
einige Pfefferminzblättchen für die Garnitur

Tip

Als Gemüse- oder Früchtedip, zu Geflügel und Fisch.

1 Kokosnußraspel, Kreuzkümmel und Senfsamen in einer Pfanne rösten, auskühlen lassen.

2 Den Apfel schälen, halbieren und das Kerngehäuse entfernen. Die Fruchthälften auf einer feinen Reibe raspeln und sogleich mit dem Zitronensaft mischen.

3 Die gerösteten Zutaten und den Joghurt mit dem Apfel vermengen. Die Sauce mit Salz und Chilipulver würzen und mit der Pfefferminze garnieren.

Zum Rezept

Durch das Rösten der Kokosnußraspel und der Gewürze wird das Aroma viel intensiver.

Abbildung Seite 90

Apfel-Curry-Sauce

1 Den Apfel schälen, halbieren und das Kerngehäuse entfernen. Die Fruchthälften auf einer feinen Reibe raspeln und sogleich mit der Crème fraîche verrühren.

2 Die Ingwerwurzel schälen und fein reiben, zusammen mit den restlichen Zutaten zur Apfelcreme geben und gut verrühren.

- **1 Apfel**
- **1 Becher Crème fraîche/ saurer Halbrahm (150–180 g)**
- **1 Stück frische Ingwerwurzel**
- **1 TL Currypulver**
- **wenig Chilipulver**
- **1 EL Vollrohrzucker**
- **Meersalz, Pfeffer**

Variante

Einige Eßlöffel Apfel-Curry-Sauce mit Gemüsebrühe verdünnen und als Salatsauce für einen Gemüsesalat verwenden.

Tip

Als Sauce zu Geflügel, Fisch, Baked Potatoes, als Gemüsedip.

Früchte-Quarksauce

1 Die Banane schälen und mit einer Gabel zerdrücken. Die Kiwi schälen und klein würfeln.

2 Zerdrückte Bananen, Quark, Senf und Curry vermengen. Die Kiwiwürfel dazugeben.

3 Den Apfel schälen, halbieren und das Kerngehäuse entfernen. Die Hälfte des Apfels auf einer feinen Reibe raspeln, die andere Hälfte klein würfeln, beides zum Quark geben. Die Sauce mit Salz und Pfeffer abschmecken.

- **1 Banane**
- **1 Kiwi**
- **150 g Vollmilchquark**
- **1 TL Senf**
- **1 EL Currypulver**
- **1 Apfel**
- **Meersalz, Pfeffer**

Tip

Als Sauce zu Siedfleisch oder zu Baked Potatoes.

Sellerie-Apfel-Ragout

- 500 g Stauden-/Stangensellerie
- 750 g Äpfel
- 1 EL Butterschmalz/Bratbutter
- 100 ml/1 dl Apfelwein
- Meersalz
- Pfeffer
- 150 g/1,5 dl süße Sahne/Rahm

1 Den Sellerie in feine Scheiben schneiden, das Grün grob hacken. Die Äpfel vierteln, entkernen und in Spalten schneiden.

2 Sellerie samt Grün im Butterschmalz dünsten. Die Äpfel kurz mitdünsten, dann mit Apfelwein angießen. Mit Salz und Pfeffer würzen, einige Minuten kochen lassen. Die süße Sahne zufügen, leicht einkochen lassen. Mit Selleriegrün garnieren.

Variante

Den Sellerie und die Äpfel fein hacken, auf die gleiche Weise zubereiten und als Nudelsauce servieren.

Tip

Als Beilage zu Fleisch oder als Vorspeise.

Apfel-Meerrettich-Vinaigrette

- 2 EL Essig, 3 EL Öl
- 1 Apfel
- 1 Stück Meerrettich
- 1 Bund Schnittlauch
- Meersalz, Pfeffer

1 Den Apfel schälen, entkernen und klein würfeln. Den Meerrettich schälen und fein reiben. Den Schnittlauch fein schneiden.

2 Den Essig und das Öl miteinander verrühren. Äpfel, Meerrettich und Schnittlauch zufügen. Die Vinaigrette mit Salz und Pfeffer würzen.

Tip

Zu Siedfleisch, Kalbskopf, Geflügel, kaltem Braten.

Sellerie-Apfel-Ragout

Apfelterrine mit saurer Orangensauce

Apfelgratin mit Kiwi

Apfelsorbet mit Calvados

Apfeltraum

Ofenapfel an Glühweinsauce

Blätterteigravioli mit Apfel-Birnen-Kompott

Apfel im Schlafrock mit Birnencreme

Desserts

Apfelpudding

Apfeljalousie

Apfel-Kokos-Strudel an Rum-Kaffee-Sauce

Apfel-Ingwer-Schaum

Karamelisierte Apfelcreme

Apfel-Streusel-Dessert

Apfelsuppe mit Kokos-Apfelringen

Apfelterrine mit saurer Orangensauce

für eine kleine Terrinenform von ½ Liter Inhalt für 6 bis 8 Portionen

Apfelterrine

- 750 g Äpfel
- 120 g Vollrohrzucker
- 150 g Birnendicksaft
- 1 Beutel Agar-Agar-Pulver
- 75 g gemischte kandierte Fruchtwürfelchen
- 1 Orange, abgeriebene Schale
- 2 EL Rum

Orangensauce

- Saft von 3 Orangen
- Saft einer Zitrone
- 3 TL Maisstärke
- 1 EL Birnendicksaft

einige Zitronenmelissenblätter für die Garnitur

1 Die Äpfel schälen, vierteln und entkernen, quer in Scheiben schneiden. Apfelstücke, Zucker und Birnendicksaft mischen. Bei kleiner Hitze zugedeckt köcheln, von Zeit zu Zeit rühren. Nach etwa 15 Minuten, sobald die Äpfel Wasser ziehen, den Deckel entfernen, weitere 30 Minuten unter häufigem Rühren bei kleiner Hitze köcheln. Wenn die Äpfel leicht karamelisieren und zu Konfitürendicke eingekocht sind, das mit wenig Wasser angerührte Agar-Agar unterrühren, unter Rühren 1 Minute kochen. Kandierte Früchte, Orangenschale und Rum beifügen.

2 Die Terrinenform mit Klarsichtfolie auslegen. Die Apfelmasse einfüllen und über Nacht erkalten und erstarren lassen.

3 Für die Sauce alle Zutaten in einem Kochtopf unter Rühren kurz aufkochen.

4 Die Terrine in Scheiben schneiden und mit der warmen oder ausgekühlten Sauce auf Tellern anrichten. Das Dessert mit Zitronenmelisse garnieren.

Produktinfo

Die Gelierkraft des Agar-Agar-Pulvers kann stark variieren, je nach Marke. Gebrauchsanweisung genau beachten, dazu die Apfelmenge zuerst abmessen.

Apfelgratin mit Kiwi

- 5 große säuerliche Äpfel
- Saft einer Zitrone
- 1 Beutel Vanillezucker
- 1 EL Kirsch
- 1 Eigelb
- 200 g/2 dl süße Sahne/Rahm
- 3 Kiwis
- 2 EL Vollrohrzucker
- 1 EL Butter, in Stückchen

1 Die Äpfel schälen, vierteln und entkernen. Drei Äpfel in dünne Spalten schneiden. Zwei Äpfel auf einer feinen Reibe raspeln und gleich mit Zitronensaft, Vanillezucker und Kirsch mischen.

2 Das Eigelb mit der Sahne schaumig rühren, die geraspelten Äpfel sorgfältig untermischen.

3 Die Kiwis schälen und in feine Scheiben schneiden.

4 Den Backofen auf 250 Grad vorheizen.

5 Den Boden einer gut eingefetteten Gratinform mit der Hälfte der Apfelspalten auslegen. Mit der Apfel-Sahne-Masse decken, mit den restlichen Apfelspalten und den Kiwischeiben belegen. Den Zucker darüberstreuen, die Butterstückchen gleichmäßig darauf verteilen.

6 Das Apfelgratin auf mittlerem Einschub 15 bis 20 Minuten backen. Warm oder kalt servieren.

Apfelsorbet mit Calvados

für 1 Liter

- 100 g Vollrohrzucker
- 200 ml/2 dl Apfelsaft
- Saft einer Zitrone
- 1 kg rotbackige Äpfel, z. B. Berner Rosen, Summerred, Jonathan
- Calvados oder Apfelsaft

Garnitur

- 1 Limette/Limone
- einige Pfefferminzblättchen

1 Zucker, Apfel- und Zitronensaft aufkochen. Die Äpfel vierteln und entkernen. Die Apfelviertel zum Sirup geben und zugedeckt bei kleiner Hitze so lange köcheln, bis sie weich sind.

2 Die Äpfel mit dem Saft im Mixer pürieren, dann durch ein Sieb streichen und auskühlen lassen.

3 Das Püree entweder in einer Eismaschine gefrieren lassen oder in eine Schüssel geben und in den Tiefkühler stellen. In diesem Fall die Masse von Zeit zu Zeit gut durchrühren, bis sie fest ist.

4 Die Limette gut waschen, die Schale dünn abschälen und in feine Streifchen (Juliennes) schneiden.

5 Vom Apfelsorbet Kugeln abstechen, in Coupegläser verteilen. Mit Calvados auffüllen. Mit Limettenstreifchen und Pfefferminzbättern garnieren.

Variante

Für Kinder Calvados duch Apfelsaft ersetzen.

Apfeltraum

750 g Äpfel, z. B. Boskoop
250 ml/2,5 dl Weißwein
1 Zimtstange
5 EL Birnendicksaft
1 Becher süße Sahne/Halbrahm (180–200 g)
75 g Schokoladenstreusel

1 Die Äpfel schälen und halbieren. Das Kerngehäuse entfernen, auf einer groben Reibe raspeln.

2 Weißwein, Zimtstange und Birnendicksaft in einen Kochtopf geben und aufkochen. Die Äpfel beifügen und zugedeckt 30 Minuten auf kleinem Feuer sanft köcheln. Auskühlen lassen, dann in den Kühlschrank stellen.

3 Vor dem Servieren die Zimtstange entfernen, das Kompott mit dem Saft in einer tiefen Platte oder in Portionsschälchen anrichten. Die süße Sahne flaumig schlagen und auf dem Kompott ausstreichen. Großzügig mit Schokoladenstreuseln bestreuen. Sehr kühl servieren.

Zum Rezept

Die Säure des Weißweins verhindert das Verkochen der Äpfel. Die Früchte werden wunderschön glasig. Nach 7 Minuten Kochzeit hat sich der Alkohol verflüchtigt; das Dessert eignet sich also auch für Kinder.

Ofenapfel an Glühwein-sauce

4 mittelgroße Äpfel

Füllung

- 100 g geschälte, geriebene Mandeln
- 75 g Vollrohrzucker
- 3 Tropfen Bittermandelöl
- 1 Eiweiß
- 2 EL Magerquark
- ½ Zitrone, abgeriebene Schale und 1 TL Saft
- 2 EL Rosinen

Glühweinsauce

- 1 Orange
- ½ Zitrone
- 100 ml/1 dl Rotwein
- 1 EL Maisstärke
- ½ TL Zimtpulver
- je 2 Prisen Nelkenpulver, Ingwerpulver, geriebene Muskatnuß
- 3 EL Birnendicksaft

1 Den Backofen auf 180 Grad vorheizen.

2 Das Kerngehäuse der Äpfel mit einem Kugelausstecher ausstechen, dabei die Äpfel wenig aushöhlen.

3 Für die Füllung sämtliche Zutaten gut mischen und bergartig in die Äpfel füllen. Die Äpfel in eine Gratinform stellen und auf mittlerem Einschub 20 bis 25 Minuten garen.

4 Für die Sauce die Schale der Orange und der Zitrone fein abreiben, die Früchte auspressen. Alle Zutaten in einem Kochtopf gut verrühren und kurz aufkochen.

5 Die heißen Äpfel auf Teller stellen, mit der warmen Sauce umgießen.

Blätterteigravioli mit Apfel-Birnen-Kompott

1 Zwetschgen, Aprikosen, Zucker, Orangensaft und Rum in den Cutter geben und sehr fein hacken.

2 Den Backofen auf 200 Grad vorheizen.

3 Den Blätterteig quadratisch ausrollen, etwa 35 x 35 cm. 16 Kreise von etwa 8 cm Durchmesser ausstechen. 8 Teigkreise mit Eiweiß bestreichen. Je einen Teelöffel Füllung darauf geben. Mit je einem Teigkreis bedecken, die Ränder wenig andrücken.

4 Die Ravioli auf mittlerem Einschub während etwa 15 Minuten hellbraun backen.

5 Für das Kompott die Birnen und die Äpfel schälen, vierteln und entkernen. Die Fruchtviertel in Spalten schneiden, mit dem Apfelsaft und dem Honig in einen Kochtopf geben und während rund 10 Minuten zu einem Kompott kochen.

6 Den Mohn in einer Pfanne rösten und über das Kompott streuen.

7 Die Ravioli mit Staubzucker bestäuben, noch heiß mit dem heißen Kompott auf Tellern anrichten.

Blätterteigravioli

- **70 g getrocknete Zwetschgen ohne Stein**
- **30 g getrocknete Aprikosen**
- **1 EL Vollrohrzucker**
- **2 EL Orangensaft**
- **1 EL Rum**

- **500 g Blätterteig**
- **1 Eiweiß zum Bestreichen**

- **Staubzucker für die Garnitur**

Apfel-Birnen-Kompott

- **2 Birnen**
- **2 Äpfel**
- **100 ml/1 dl Apfelsaft**
- **2 EL Honig**

- **1 EL Mohnsamen**

Tip

Sie können den Blätterteig auch selber zubereiten. Siehe Rezept »Apfelpie«, Seite 74.

Apfel im Schlafrock mit Birnencreme

4 kleine Äpfel

Füllung

1 Zitrone, abgeriebene Schale und 2 EL Saft
4 EL Himbergelee
5 EL geriebene Mandeln
2 EL Vollrohrzucker
2 EL Kirsch

300 g Blätterteig
1 Ei zum Bestreichen, Eiweiß und Eigelb getrennt

Birnencreme

150 g/1,5 dl süße Sahne/Rahm
3 EL Birnendicksaft

1 Die Äpfel schälen, das Kerngehäuse mit einem Kugelausstecher ausstechen, dabei die Äpfel wenig aushöhlen.

2 Für die Füllung sämtliche Zutaten mischen und in die Äpfel füllen.

3 Den Backofen auf 200 Grad vorheizen.

4 Den Teig ausrollen und 4 Quadrate von etwa 16 cm Seitenlänge schneiden. Aus dem restlichen Teig für die Garnitur Blätter ausschneiden.

5 Die gefüllten Äpfel auf die Teigquadrate legen. Die Teigränder mit Eiweiß bestreichen. Die Teigecken über die Äpfel legen und andrücken. Für die Verzierung die Teigblätter mit wenig Eiweiß ankleben. Die Teigpakete mit Eigelb bestreichen.

6 Die Äpfel im Schlafrock auf mittlerem Einschub 15 bis 20 Minuten backen.

7 Die süße Sahne flaumig schlagen und mit dem Birnendicksaft vermengen. Die Creme zu den heißen Äpfeln servieren.

Tip

Sie können den Blätterteig auch selber zubereiten. Siehe Rezept »Apfelpie«, Seite 74.

Apfelpudding

750 g Äpfel
Saft einer Zitrone
100 ml/1 dl Apfelsaft
½ TL Zimtpulver
100 g Birnendicksaft
40 g Butter
60 g Maisstärke
3 Freilandeier

Tip

Den Apfelpudding mit gehackten Nüssen garnieren und mit flaumig geschlagener süßer Sahne servieren.

1 Die Äpfel schälen, vierteln, entkernen und in Spalten schneiden. Apfelspalten, Zitronensaft, Apfelsaft, Zimt und Birnendicksaft in einen Kochtopf geben, aufkochen und auf kleinem Feuer zugedeckt 10 Minuten köcheln lassen. Die Apfelspalten aus der Flüssigkeit nehmen und gut abtropfen lassen.

2 Apfelspalten und 100 ml/1 dl Kochflüssigkeit im Mixer pürieren.

3 Den Backofen auf 180 Grad vorheizen.

4 Die Butter in einem Kochtopf schmelzen, die Maisstärke zufügen, gut verrühren. Das Apfelpüree beigeben, unter Rühren aufkochen. Den Topf von der Wärmequelle ziehen. Die verquirlten Eier unter das Apfelpüree rühren.

5 Die Apfelmasse in eine kleine, gut eingefettete feuerfeste Puddingform füllen, mit Alufolie verschließen. Eine hohe feuerfeste Form (z. B. Bräter) mit siedendem Wasser füllen, die Puddingform hineinstellen; sie soll bis zu zwei Drittel Höhe im Wasser stehen.

6 Den Apfelpudding auf unterstem Einschub 60 bis 70 Minuten pochieren. Auskühlen lassen und stürzen.

Apfeljalousie

ergibt 8 Stück

- 2 große Äpfel
- 2 EL Vollrohrzucker
- 2 EL Zitronensaft
- 100 g Backmarzipan
- 1 Freilandei
- ca. 2 EL geriebene Mandeln
- 500 g Blätterteig
- 1 Ei zum Bestreichen, Eiweiß und Eigelb getrennt
- Staubzucker für die Garnitur

1 Die Äpfel ungeschält vierteln, entkernen und quer in Scheiben schneiden. Die Apfelstücke sogleich mit dem Zucker und dem Zitronensaft mischen.

2 Das Marzipan zerbröckeln und mit dem Ei im Mixer fein pürieren. Soviel Mandeln beifügen, daß eine dicke, streichfähige Masse entsteht.

3 Den Backofen auf 200 Grad vorheizen.

4 Den Teig dünn ausrollen. Je 8 Kreise von 10 und 12 cm Durchmesser ausstechen. In die Mitte der kleineren Teigkreise die Marzipancreme streichen, darauf die Äpfel verteilen. Die Teigränder mit Eiweiß bestreichen.

5 Die größeren Teigkreise mit verquirltem Eigelb bestreichen. Mit einem Teigrädchen in Abständen von 1 cm lange Schnitte anbringen. Die Scheiben über die Füllung legen, die Teigränder wenig andrücken.

6 Die »Jalousien« auf mittlerem Einschub 12 bis 15 Minuten backen. Mit Staubzucker bestäuben. Warm oder ausgekühlt servieren.

Tip

Sie können den Blätterteig auch selber herstellen, siehe Rezept »Apfelpie«, Seite 74.

Dessert oder kleine Mahlzeit

Apfel-Kokos-Strudel an Rum-Kaffee-Sauce

ergibt 8 kleine Strudel

Apfel-Kokos-Strudel

- 3 Äpfel
- 2 EL Zitronensaft
- 80 g Kokosnußraspel
- 60 g Vollrohrzucker
- 250 g Blätterteig oder Strudelteig
- 50 g flüssige Butter

Rum-Kaffee-Sauce

- 1 gestrichener TL Maisstärke
- 2 Orangen, abgeriebene Schale und Saft
- 2 EL Rum
- 2 EL Birnendicksaft
- 1 TL Instant-Kaffeepulver

1 Die Äpfel schälen, halbieren und das Kerngehäuse entfernen. Die Apfelhälften auf einer groben Reibe raspeln und sogleich mit dem Zitronensaft, den Kokosnußraspeln und dem Zucker mischen.

2 Den Backofen auf 220 Grad vorheizen.

3 Den Teig sehr dünn ausrollen und in 8 Rechtecke schneiden. Auf jedes Teigstück an einer Schmalseite der Länge nach eine kompakte Rolle Füllung geben. Den Teig von den beiden Längsseiten her 2 cm über die Füllung schlagen, dann so satt wie möglich einrollen. Mit dem Teigende nach unten auf ein mit Backpapier belegtes Blech legen.

4 Die Apfel-Kokos-Strudel auf mittlerem Einschub 20 Minuten backen. Von Zeit zu Zeit mit flüssiger Butter bepinseln.

5 Für die Sauce sämtliche Zutaten in einen Kochtopf geben und unter starkem Rühren kurz aufkochen. Die Sauce warm oder ausgekühlt zum heißen Strudel servieren.

Tip

Der Teig kann auch selber hergestellt werden. Blätterteig siehe Rezept »Apfelpie«, Seite 74; Strudelteig siehe Rezept »Mohn-Apfel-Strudel«, Seite 65.

Apfel-Ingwer-Schaum

4 Äpfel
2 EL Zitronensaft
1 Stück frische Ingwerwurzel, geschält und fein gerieben
3 EL Birnendicksaft
250 g Vollmilchquark
100 g/1 dl süße Sahne/Rahm oder Halbrahm
1 Apfel für die Garnitur

1 Die Äpfel ungeschält halbieren und das Kerngehäuse entfernen. Die Fruchthälften raspeln und sogleich mit dem Zitronensaft mischen.

2 Den Ingwer schälen und fein reiben, mit dem Birnendicksaft und dem Quark zu den Äpfeln geben und vermengen. Die süße Sahne steif schlagen und unterheben.

3 Den Apfel für die Garnitur schälen, mit einem Kugelausstecher Kugeln ausstechen. Den Apfel-Ingwer-Schaum in Portionsschälchen anrichten und mit den Apfelkugeln garnieren.

Karamelisierte Apfelcreme

3 große Äpfel
150 g Vollrohrzucker
100 g/1 dl Apfelsaft
200 g/2 dl süße Sahne/Rahm

1 Die Äpfel schälen, vierteln, entkernen und in Spalten schneiden.

2 Den Zucker im Cutter fein mahlen. In einem weiten Kochtopf bei mittlerer Hitze karamelisieren. Die Apfelspalten beifügen und wenden, bis sie mit dem Karamel überzogen sind. Den Apfelsaft dazugießen, offen köcheln lassen, bis die Äpfel vollständig zerfallen und die Flüssigkeit fast ganz verdunstet ist. Die Äpfel pürieren, dann auskühlen lassen.

3 Die Sahne steif schlagen und sorgfältig mit dem Apfelpüree mischen.

Apfel-Streusel-Dessert

1 kg säuerliche Äpfel, z. B. Glockenäpfel, Kidd's Orange

50 ml/0,5 dl Apfelsaft

Streusel

150 g Vollrohrzucker

100 g Dinkelweißmehl

1 Prise Muskatnuß

½ TL Zimtpulver

1 Prise Meersalz

125 g kalte Butter, in Stückchen

1 Die Äpfel schälen, vierteln und entkernen, die Fruchtviertel quer in Scheiben schneiden. Die Apfelscheiben in eine flache feuerfeste Form oder in ein Kuchenblech mit hohem Rand verteilen. Den Apfelsaft gleichmäßig darüberträufeln.

2 Den Backofen auf 180 Grad vorheizen.

3 Zucker, Mehl, Muskatnuß, Zimt und Salz in einer Schüssel mischen. Die Butter beifügen, zwischen den Fingern mit der Zuckermischung krümelig reiben. Die Streusel über die Apfelscheiben verteilen.

4 Die Form mit Alufolie verschließen. Auf dem untersten Einschub 30 Minuten backen. Die Folie entfernen, das Dessert in weiteren 30 Minuten fertig backen; die Apfelstücke sollen im Teig eingeschlossen und von einer knusprigen Kruste bedeckt sein.

Tip

Heiß oder kalt mit flaumig geschlagener süßer Sahne oder Vanillesauce servieren.

Apfelsuppe mit Kokos-Apfelringen

Apfelsuppe

800 ml/8 dl Apfelsaft
3 TL Maisstärke
4 Freilandeier
1/2 Vanilleschote, längs aufgeschnitten
60 g Vollrohrzucker

2 Äpfel
1 Freilandei
25 g Kokosnußraspel
2–3 EL Butterschmalz/Bratbutter

1 Für die Suppe sämtliche Zutaten in einen Kochtopf geben, unter Rühren bei kleiner Hitze einmal kurz aufkochen. Auskühlen lassen, die Vanilleschote entfernen.

2 Die Äpfel schälen und das Kerngehäuse mit einem Kerngehäuseausstecher ausstechen. Die Früchte in Ringe schneiden. Die Apfelringe zuerst im verquirlten Ei, dann in den Kokosnußraspeln wenden. Portionsweise im Butterschmalz hell-braun braten.

3 Die kalte Suppe in tiefen Tellern anrichten, die heißen Apfelringe hineinsetzen. Die Suppe sogleich servieren.

Variante

Die Suppe mit flaumig geschlagener süßer Sahne vermengen und als Creme servieren.

Apfeltee-Cocktail

Apfelfrappé

Apfel-Basilikum-Bowle

Apfel-Birnen-Cocktail

Apfel-Likör

Getränke und Eingemachtes

Apfelgelee

Apfelhonig

Senffrüchte

Apfel-Chutney

Kürbis-Apfel-Relish

Apfeltee-Cocktail

ergibt ca. 1,2 Liter

- $^1/_2$ l Wasser
- 4 Beutel Früchtetee
- 2 Äpfel
- 1 Msp Zimtpulver
- 1 Prise frisch geriebene Muskatnuß
- 4 EL Birnendicksaft
- 100 ml/1 dl Whiskey, nach Belieben

1 Das Wasser aufkochen, die Teebeutel zufügen und 4 Minuten ziehen lassen. Die Beutel entfernen.

2 Die Äpfel schälen, halbieren und das Kerngehäuse entfernen. Die Apfelhälften auf einer feinen Reibe in den Tee raspeln. Zimt, Muskatnuß und Birnendicksaft zufügen, den Tee 5 Minuten ziehen lassen. Den Whiskey beigeben und den Cocktail sogleich servieren.

Apfelfrappé

ergibt ca. 1,2 Liter

- 3 Äpfel
- 2 Becher Apfeljoghurt (je 150–180 g)
- 300 ml/3 dl Milch
- 300 g Zitronensorbet
- 4 EL Weizenkeimgranulat

1 Die Äpfel schälen, vierteln, entkernen und grob schneiden.

2 Die Apfelstücke mit dem Joghurt und der Milch im Mixer pürieren. Das Zitronensorbet beifügen, kurz mixen, bis es geschmolzen ist.

3 Das Frappé in Gläser füllen, in jedes Glas einen Eßlöffel Weizenkeimgranulat streuen. Sogleich servieren.

oben: Apfel-Basilikum-Bowle, Rezept Seite 120
Mitte links: Apfel-Birnen-Cocktail, Rezept Seite 121
vorn rechts: Apfeltee-Cocktail

Apfel-Basilikum-Bowle

ergibt 2 Liter

2 Bund Basilikum
2 l Apfelwein, gut gekühlt
1 Melone
2 Äpfel
6 EL Zucker

1 Ein Bund Basilikum in eine Bowlenschüssel legen, 1 Liter Apfelwein dazugießen. An einem kühlen Ort ein paar Stunden ziehen lassen.

2 Das Basilikum aus der Bowle nehmen und wegwerfen. Die Blätter des restlichen Basilikums fein hacken und in die Bowlenschüssel geben.

3 Die Melone halbieren, die Kerne entfernen, mit einem Kugelausstecher Kugeln ausstechen. Die Äpfel halbieren, das Kerngehäuse entfernen und ebenfalls Kugeln ausstechen.

4 Die Früchte in die Bowle geben. Den restlichen Apfelwein dazugießen, mit dem Zucker süßen. In Gläsern anrichten und mit Basilikum garnieren.

Variante

Für eine alkoholfreie Bowle den Apfelwein durch halb Mineralwasser und halb Apfelsaft ersetzen.

Abbildung Seite 118

Apfel-Birnen-Cocktail

ergibt ca. 3 Liter

- 1 Stück frische Ingwerwurzel
- 2 Zimtstangen
- ca. 80 g Birnendicksaft
- Saft einer Zitrone
- 1 l Apfelsaft
- 500 g säuerliche Äpfel
- 2 Birnen
- 1,5 l Apfelwein

1 Den Ingwer schälen und fein reiben, zusammen mit den Zimtstangen, dem Birnendicksaft, dem Zitronensaft und 300 ml/3 dl Apfelsaft in einen Kochtopf geben, aufkochen und 10 Minuten sanft köcheln lassen. Absieben und die Flüssigkeit zurück in den Topf gießen.

2 Die Äpfel und die Birnen vierteln, entkernen und quer in Scheiben schneiden.

3 Die Apfel- und Birnenscheiben zum Apfelsaft in den Kochtopf geben und während einiger Minuten weich kochen. Auskühlen lassen, dann mit dem restlichen Apfelsaft und dem Apfelwein mischen. Kühl servieren.

Variante

Für Kinder den Apfelwein durch Apfelsaft ersetzen.

Abbildung Seite 118

Apfel-Likör

ergibt 1,3 Liter

750 g Äpfel
1 l Kernobst-Branntwein
2 EL Zitronensaft
200 g Birnendicksaft

Tip

Haltbarkeit: an einem kühlen Ort 1 Jahr.

1 Die Äpfel vierteln, entkernen und in feine Spalten schneiden.

2 Die Apfelspalten in ein großes Einmachglas füllen und mit dem Branntwein übergießen; die Äpfel müssen vollständig damit bedeckt sein. Den Zitronensaft zufügen. Das Glas gut verschließen und an einem warmen Ort mindestens zwei Wochen stehen lassen.

3 Nach 2 Wochen die Äpfel mit der Flüssigkeit zuerst durch ein Sieb, dann durch ein Gazetuch oder einen Geleesack abgießen, dabei die Äpfel (im Gegensatz zu Gelee) gut auspressen.

4 Den Saft mit dem Birnendicksaft gut verrühren und etwa 1 Stunde zugedeckt stehen lassen, von Zeit zu Zeit rühren.

5 Den Likör in Flaschen abfüllen und gut verschließen. Vor Verwendung mindestens 4 Wochen durchziehen lassen.

Apfelgelee

ergibt ca. 1,3 Liter

- 500 g Äpfel
- $^1/_2$ l Apfelsaft
- Saft einer halben Zitrone
- 500 g Zucker
- 1 Beutel Konfitüren-Gelierpulver
- einige Pfefferminzblätter

1 Die Äpfel schälen, vierteln, entkernen und quer in Scheiben schneiden.

2 Apfelsaft, Apfelstücke, Zitronensaft, Zucker und Gelierpulver in einen Kochtopf geben, aufkochen und 2 Minuten sprudelnd kochen. Noch heiß in Gläser füllen. Pfefferminzblätter beifügen, sofort verschließen.

3 Bevor das Gelee ganz ausgekühlt ist, die Gläser auf den Kopf stellen, damit sich die Apfelstücke mit dem Gelee gut vermengen können.

Apfelhonig

ergibt ca. 600 ml/6 dl

- 600 g Äpfel
- 2 EL Zitronensaft
- 400 g/4 dl süße Sahne/Rahm
- 500 g Vollrohrzucker
- 1 TL Vanillezucker

1 Die Äpfel schälen, vierteln und entkernen. Die Fruchtviertel quer in Scheiben schneiden und sogleich mit dem Zitronensaft vermengen.

2 Die Apfelstücke mit den übrigen Zutaten in einen Kochtopf geben, aufkochen und bei kleiner Hitze so lange köcheln lassen, bis die Masse knapp die Konsistenz von Honig hat. Während des Erkaltens wird der Honig fester. Noch heiß in saubere Gläser füllen und sofort verschließen.

Tip

Haltbarkeit: einige Tage – ist zum sofortigen Gebrauch gedacht. Im Kühlschrank aufbewahren.

Senffrüchte

ergibt ca. 1 Liter

- 750 g Äpfel
- 2 Birnen
- 200 g Kürbisfleisch
- ½ Melone, geschält
- 200 g rote Kirschen
- 400 ml/4 dl Weißweinessig
- 250 ml/2,5 dl Wasser
- 400 g Zucker
- 25 g weiße Senfkörner
- 1 Lorbeerblatt
- 3 Gewürznelken
- 1 TL Pfefferkörner
- 1 Zimtstange
- 1 Stück frische Ingwerwurzel

1 Die Äpfel und die Birnen schälen, vierteln und entkernen. Die Fruchtviertel quer in Scheiben schneiden. Das Kürbisfleisch würfeln. Die Melone schälen und entkernen, würfeln. Die Kirschen entsteinen.

2 Essig, Wasser und Zucker mit allen Gewürzen aufkochen. 10 Minuten auf kleinem Feuer köcheln lassen. Zuerst die Kürbiswürfel beifügen, 5 Minuten köcheln, anschließend die Apfel-, Birnen und Melonenstücke sowie die Kirschen zufügen und weitere 2 Minuten köcheln. Wichtig: Solange die Flüssigkeit heiß ist, garen die Früchte weiter.

3 Die Früchte noch heiß samt Flüssigkeit in saubere Gläser füllen und sofort verschließen.

hinten: Kürbis-Apfel-Relish, Rezept Seite 126
Mitte links: Apfel-Chutney, Rezept Seite 126
Mitte rechts: Senffrüchte

Apfel-Chutney

ergibt ca. 1 Liter

- 1 kg Äpfel
- 200 g Zwiebeln
- 1 Stück frische Ingwerwurzel
- 1 rote Pfefferschote/Peperoncino
- 100 g Rosinen
- 200 g Zucker
- 400 ml/4 dl Weißweinessig
- 200 ml/2 dl Apfelsaft
- 1 EL Senfkörner
- 1 TL Meersalz

1 Die Äpfel schälen, vierteln, entkernen und quer in Scheiben schneiden. Die Zwiebeln fein hacken. Die Ingwerwurzel schälen und fein reiben. Die Pfefferschote in feine Ringe schneiden.

2 Sämtliche Zutaten in einen großen Topf geben, zum Kochen bringen und zugedeckt bei kleiner Hitze 30 Minuten einkochen lassen, gelegentlich rühren.

3 Das Chutney noch heiß in saubere Gläser füllen und sofort verschließen.

Kürbis-Apfel-Relish

ergibt ca. ¾ Liter

- 300 g Äpfel
- 250 g Kürbisfleisch
- 1 Zwiebel
- 1 Stück frische Ingwerwurzel
- 100 ml/1 dl Weißweinessig
- 100 g Zucker
- 1 Lorbeerblatt
- 2 Gewürznelken
- wenig Meersalz

1 Die Äpfel schälen, vierteln, entkernen und quer in Scheiben schneiden. Das Kürbisfleisch in feine Scheiben schneiden. Die Zwiebel fein hacken. Die Ingwerwurzel schälen und fein reiben.

2 Sämtliche Zutaten in einem großen Topf zum Kochen bringen und zugedeckt bei kleiner Hitze 30 Minuten einkochen lassen, gelegentlich rühren.

3 Das Kürbis-Apfel-Relish noch heiß in saubere Gläser füllen und sofort verschließen.

Abbildungen Seite 124

Register